自治体〈危機〉叢書

自治体財政のムダを洗い出す
―財政再建の処方箋―

編著

高寄 昇三

公人の友社

はしがき

　地方財政の好転は、制度的構造的にのぞめない。25年度では、制度的には、交付税で、人件費4,000億円減額が、なされており、構造的には、生活保護・健康保険・介護サービス費が、最低1兆円増が、避けられない。

　国家財政の社会保障費（介護・医療・年金・生活保護など）は、2010年度総額29.1兆円で、近年、年1.2兆円の増加である。この増加圧力は、減量化では克服不可能であり、公共経済学による、「制度設計の再構築」しか選択肢はない。

　平成不況以来、自治体は、効率化・減量化・外部化をすすめてきたが、このような地方財政のダウン・サイズの指導理念が、新行政管理（NPM）による、顧客・市場主義であった。新行政管理論がもてはやされるのは、非効率性が、体質化した自治体財政の減量化には、単純明確な手法が、即効性があるからであった。

　昨今の地方行政は、アウトソーシングの掛け声に呼応して、行政サービスの供給形態も、外部委託・民営企業化が、ひろがっているが、ある意味では、行政責任の放棄、自治体の切り売り、行政機能の解体である。

　自治体財政が、減量・効率・選別・民営化といった、短絡的な変革で、財政再建がなるのであろうか。かりに財政収支が、均衡しても、財政再建は、成功したが、自治体の政策能力・実施能力が、衰退したのでは、自治体は、死滅したのと同然で、なんのための財政再建かとなる。

　たしかに近年、自治体の劣化はすすみ、このままでは、地方自治の崩壊にもつながりかねない。自治体は、減量化でなく、自治体の原点に回帰し、政策化による、自治体再生への構図が、求められている。

　第1に、自治体は、住民から生活・生命・環境など、市場サービスでは、

供給困難なサービスを、維持する使命が、負託されており、自治体は、主体的に政策・施策を策定する姿勢・意欲が、なければ責務の遂行はできない。

自治体は、この使命を、遵守するための、自治体財政の減量・効率・市場化であって、手段と目的を、逆転させてはならない。

自治体改革においても、安易な減量化は、逆効果が大きく、財政収支とは異なる視点、シビルミニマム思想にもとづく、運営理論が、あることを忘れはてならない。自治体は、市民の負託にこたえるには、どのような政策選択が、最適化かを考え、自治体改革・経営をなすべきである。

第2に、自治体財政を、圧縮するにせよ、膨張させるにせよ、それは性急な減量・効率化・市場化であってはならない。自治体は、ここ20年以上つづく、効率化・減量化・市場化を、脱皮して、政策的自治体経営による、財政再建ビジョン・戦略を、形成する転機にあるといえる。

政策形成・施策選択を無視した、財政再建は成功しない。首長が、大型プロジェクトで、1,000億円の損失をだしながら、事務費を100万円削減するのに、職員が激論をかわしている様相は、漫画チックですらある。

第3に、それでも効率化・減量化・市場化を、すすめなければならないが、コスト至上主義では、実質的な効果が小さく、しかも実効性からみて、限度がある。

人件費をみれば、減量化を、給与体系の一律削減と、非正規職員の増員で、対応しているが、政策的に給与体系の再編成・非正規職員の正規化という、政策的改革は、棚上げされたままである。

従来、行政評価・事業しわけ作業を、行ってきたが、欠点は、財政をマクロで、把握して、制度変革・施策最適化をめざす、財政改革の視点が、欠落していた。行財政技術にとらわれない、改革への牽引力となる、政策創造力がよわかった。

財政再建をなすには、減量経営から施策経営へ、さらに政策経営へと、自治体経営の水準を、高めていかなければ、成功しないであろう。政策経営は、制度・運用の変革を、ともなう再建である。

実際、自治体の給与は、ラスパイレス指数で、国家公務員より高いとして、4,000億円の交付税カットの、憂き目をみている。奇策であるが、非正規職員を、新規給与体系で、正規化すれば、ラスパイレス指数は低下し．交付税カットの被害は、少なくてすむ。

　自治体が、地方公務員給与の一律削減といった、愚策をいつまでも、つづけているから、政府に、突け込まれるのであり、政策形成の拙劣性が、もたらした悲劇である。

　第4に、「行政のムダ」を、解剖するのは、市民的合理性という感覚で、自治体財政を、洗いなおす、濾過作業が必要となる。たとえば一体地方議員に政務調査費が必要であるのか、政務調査費が、かえって職業的議員をはびこらせ、市民改革派議員の選出を阻んでいる、マイナスの効果がある。

　問題は、ムダの概念・範囲は、固定できないが、"明白でみえるムダ"は、使用料・保険料の滞納、公共投資の失敗、違法・不当の人件費支出、交通量が少ない高速道路、入場者が、少ない文化ホールなど容易に判別できる。

　"見えないムダ"は、制度設計・施策選択・行財政運用から、派生するムダである。たとえば年功序列給与体系・安易な外郭団体経営・民間委託の独占利益・機能不全の議会などである。卑近な事例では、議会の政策調査費で、どれだけ議会が、活性化したか疑問である。

　この見えないムダをふくめると、巨額のムダとなる。自治体財政の規模は、普通会計100兆円、公営企業会計55兆円あり、外郭団体などくわえると、純計でも概算150兆円、ムダを約1割としても、15兆円のムダとなる。

　第5に、自治体財政のムダを、どう洗い出すかで、ムダの病巣は、自治体の全細胞に、発生しており、全部を摘出することは、本書の枚数から不可能である。

　自治体の行財政資源は、人的行政資源（職員）、物的行政資源（基金・財産）に区分できる。ただ、ムダの摘出について、物的行政資源ついては、あまりメスがくわえられていない。

　自治体歳出は、行政サービスとして、さまざまの事務事業を、展開しており、

ストック・フローの要素があるが、施設サービス（公共投資・箱物行政）という物的サービスにくわえて、経済的給付サービス（福祉・教育サービス）がある。

一応、これらの類型化で、自治体財政の全体を、網羅できるが、実際、公共投資・行政サービスを、実施するとなると、実施形態の選択・選別の問題があり、外郭団体、民間委託、外部人事など、外部方式（アウトソーシング）の活用が、すすんでいる。

しかし、アウトソーシングが、効率化とはいえない、そのメリット・デメリットを、分析する作業を怠ると、外郭団体の二の舞となる。最近では、外郭団体（準公共方式）などが、ムダの温床・誘因として、槍玉にあげられている。

しかし、かつては民間デベロッパーの開発利益独占を駆逐し、公共デベロッパーによる、開発利益の公的独占をもたらした、外郭団体の見えないメリットは、自治体財政に、大きな貢献をもたらしたのである。

しかし、近年の自治体経営では、PFI・指定管理者システムなど、民間方式が、崇拝され、短期的減量化が、ひろがっているが、中長期的みれば、民営化による独占利益が、発生し、必ずしもメリットばかりでない。民間方式も、事前にデメリットを、予測して、検証しておかなければ、外郭団体と同じ運命を、たどる恐れがある。

自治体の外部方式は、事業施策の丸投げの嫌いがあり、コストに重点があり、受託に関する処理方式への、自治体によるきめ細かな指導は、欠落している。さらに外部委託が、長期化すると、自治体は、受託事業者への経営方針を提示する、情報・経験・能力すら枯渇していくであろ。

第6に、自治体のムダは、見える数値的ムダよりも、施策・政策選択の失敗などによる見えないムダが、圧倒的に巨額である。給与体系の不合理、公共投資の過大支出、箱物行政の乱脈事業など、これらのムダは、違法性がなく、ムダの責任追求も、空転してしまうので、如何にして阻止するか、自治体のガバナンスの問題である。

自治体財政も、経済・社会環境の変化に、対応しなければならない。公共投資主導・サービス拡大の時代は、過ぎさった。成熟時代の自治体経営の処

方箋を、描かなければならない。

　いまさら国土強靭化でもあるまいが、政府は、公共投資主導による地方団体遠隔操作を捨てきれないでいる。自治体も補助金・資金の誘惑に溺れ、依然として、箱物行政への未練にしがみついている。

　自治体は実際の地域・住民ニーズに、即応する施策を、自治体財政の限界をふまえて、施策を選択しなければならない。それは少子高齢社会の到来であり、社会資本劣化の深化である。

　自治体は、膨張期の運営から、縮小期の運営へと、コペルニスク的転換が、求められている。卑近な事例が、公共施設の更新が迫っており、新規建設一辺倒では、財政破綻を、きたすことは、確実である。

　ムダを淘汰し、施設・サービスを維持し、支出効果を高めていくには、どうすればよいか。首長・議員・職員、そして市民をふくめた、政策経営にもとづく、給付形態の選択・財務管理システムの公会計化・投資サービスの選別化が、焦眉の案件である。

　要するに、公共投資・サービスの成熟社会への転換期にあり、減量化という、短絡的対応でなく、政策的変革が求められており、自治体の行財政能力だけでなく、その資質が、試されている。

　なお本書での意見は、個人の見解であり、所属する職場とは、無関係である。なお出版の配慮を、いただいた、公人の友社武内英晴社長に、こころから感謝します。

2014.6.10

高寄　昇三

目　次

はしがき……………………………………………………………… 3

Ⅰ　自治体財政ムダの分析と政策選択 …………高寄昇三　11
　1　自治体経営と行財政改革………………………………… 12
　2　自治体財政ムダの淘汰………………………………… 19
　3　自治体経営のムダと対応策…………………………… 27

Ⅱ　人的資源のムダと人事・給与改革 …………荒川俊雄　35
　1　はじめに………………………………………………… 36
　2　自治体行政のムダ……………………………………… 37
　3　改革が必要となる原因の始まり……………………… 39
　4　行政改革と寝屋川市の方針…………………………… 41
　5　2000年からの寝屋川市の行政改革…………………… 45
　6　寝屋川市の職員数の削減……………………………… 47
　7　寝屋川市における更なる職員数の削減計画………… 49
　8　公務員数の削減と事務の民営化・外部化が
　　　　　　　　　　　　自治体に及ぼした影響…… 52
　9　非正規職員の増加の問題状況と改革視点…………… 54
　10　人件費をムダにしないために－これからの自治体職員　59

III　物的資源のムダと戦略的運用 …………… 西部　均　65
　　はじめに………………………………………………………… 66
　　1　公有資産管理をめぐる動向………………………………… 67
　　2　公有地信託事業をめぐって………………………………… 73
　　3　仕組債での基金運用をめぐって…………………………… 81
　　おわりに　―公有資産管理に求められる堅実さ……………… 92

IV　行政サービスのムダと施策の選別 ………… 山本正憲　95
　　1　現行社会保障制度の行き詰まりと、地方自治体行政
　　　　　　　　　　　　　　　　　　サービスのムダ　96
　　2　社会保障各分野別ムダの考察……………………………… 98
　　3　社会福祉各分野のムダ対処の処方箋……………………… 103

V　公共投資のムダと費用効果 ………………… 高寄昇三　111
　　1　公共投資のムダの背景……………………………………… 112
　　2　箱物行政と費用効果分析…………………………………… 121
　　3　公共投資ムダの淘汰………………………………………… 125

VI　自治体アウトソーシングの失敗（ムダ）と処方箋
　　……………………………………… 大島博文　133
　　1　はじめに……………………………………………………… 134
　　2　自治体アウトソーシングの背景…………………………… 134
　　3　自治体アウトソーシングの現状とスキーム……………… 136
　　4　自治体アウトソーシング失敗（ムダ）の具体的事例 …… 144
　　5　今後、失敗（ムダ）を減少させるために必要な取り組み　149

I 自治体財政ムダの分析と政策選択

甲南大学名誉教授 **高寄　昇三**

1　自治体経営と行財政改革

(1) 財政のムダの定義

　自治体財政のムダとは、何んであるか、わかり切ったことであるが、定義するとなると、意外とむずかしい。一応、"みえるムダ"に対して、"みえないムダ"がある。[1] 前者は、明白・常識的ムダ（表1参照）で、違法であり、ムダの実態は、実態追跡で、容易に判別できる。

　それでもムダ、そのものが摘出されなければならない。昨今では、空出張・空手当など、市民オンブズマン・マスコミが、主導権を発揮して、摘発に奮闘しているが、本来、自治体の自己監査が、主役でなければならないが、制度疲労で役にたたず、制度のムダである。

　後者は、曖昧で財政指標だけでは、容易に摘出できない。制度・運用的ムダであり、施策の選択・制度の設計・運用の拙劣性から、派生するムダである。給与運用において"わたり"、外部統制が甘い土地開発公社の不良資産などが、典型的ムダである。

　後者のムダは、まず摘出作業が困難であるが、本来、議員が、政務調査費などを駆使し、議員調査権を活用して、内部告発をすべきであるが、実際は、市民オンブズマン・マスコミなどの、外部からの摘発となっている。議会監視機能の形骸化であり、議員報酬制度のムダが、繁殖している。

表1 ムダの類型化

区分	種別	内容	区分	種別	内容
明白常識的ムダ	法令・システム 運用・選択	カラ人事費・カラ出張 談合入札・無価値土地購入	曖昧分析的ムダ	法令・システム 運用・選択	不当・過大支出 開発投資失敗

要するにムダの摘出は、コストをかけた、内部統制が、機能不全であり、コストのかからない、市民統制が、威力を発揮する、珍妙な状況になっている。まずムダの類型化を、こころみる。

　第1に、明白常識的ムダ（見えるムダ）は、実態のない財政支出などで、「法令・システム」のムダで、勤務しない職員への給与支給、カラ出張・残業など、法令的にも違法なムダである。

　第2に、曖昧・制度運用的ムダ（見えないムダ）は、「運用・選択」のムダで、「法令・システム」としては、形式的には合法であるが、内容を精査すると、脱法的不当支出である。勤労密度と関係ない特別手当、管理能力のない職員への管理職手当、観光目的の議員視察旅行などである。

　曖昧実質的ムダ（見えないムダ）の最大は、施策・政策の失敗である。バブル経済がはじけると、過剰な土地購入・職員採用・資金調達などが露呈し、多くの自治体は、その負担の重圧に、今日でも苦しんでいる。典型的事例が、開発型外郭団体の債務超過である。

　「運用・選択」のムダは、箱物行政の乱立でもみられる。費用効果分析以前の問題で、利用状況を、一目みればわかる。経常収支は、均衡していても、ストック会計では、赤字といった施設がほとんど、費用効果分析での精査、間接的非経済効果の計算を、するまでもない。なかには自治体の財政支援で、黒字化しているが、粉飾決算の類である。

　第3に、見えないムダは、判別がむずかしい。近年、話題をさらっているのが、地方議会議員の政務調査費である。各自治体で要綱が、制定されているので、ムダかどうかの基準はできるが、最終的には行政監査・司法判決となる。それでも市民的合理性の感覚からみて、不当支出の非難は免れない。ただちに要綱を、改正すべきである。[2]

　政務調査費は、執行部と議会の癒着という、要素があり、適正処理は、前途多難である。政務調査費の上乗せとして、京都府議会への会派運営費（6年分2.3億円）が、高裁判決で、返還を命じられている。[3]

　第4に、政策的視点からは、不作為のムダも、無視できない。土地開発

公社の塩漬け土地は、保有しているだけで、金利負担が、数億にもなる。損失を覚悟で、処分すべきである。

さらに基金など、安全運用で、超低金利で、銀行預金に放置しているのも、不作為の政策怠慢である。安全有利という運用は、経済的にはありえないので、物価上昇の兆しがみられる状況では、リスクをとって、どう運用するかであり、自治体は資金運用能力を、早期に培っておくべきである。

(2) 政策的財政改革の戦略化

自治体財政の現状、ことに市町村財政は、生活保護・健康保険・介護保険などの生活サービスの膨張によって、大きな財政圧迫となっている。なかでも人口減少市町村では、地方税・交付税の減収の一方で、福祉サービス需要増加という、財政悪化の構造的様相を呈している。

減量化では、追いつけないが、それでも自治体は、まず減量化に着手し、減量化の過程で、政策的経営へのレベルアップを図っていく、戦略的姿勢を育成して、活路を見いだす努力を惜しむべきでない。

財政のムダを、完全になくすことは、不可能であるが、半分にすることは可能である。かつて自治体には、無数の特別手当があったが、現在は、半分以下になっている。

ただ、行政経費の減量化は、必ずしも市民福祉の貢献にはつながらない。財政支出は、縮小したが、市民ニーズ充足量は、より大きく圧縮されたとすると、市民ニーズ充足という、視点からみれば、財政収支は、実質的には低下したことになり、減量化は、誤謬の選択となりかねない。

ムダの淘汰と、減量化とは、必ずしも同じでない。ムダ淘汰は、財政収支の如何にかかわらず、常識的にみて、不合理・不公平・不効率といった支出の撲滅である。行財政のムダを、効果的になくすには、「政策的施策的対応」でなければならない。

自治体の財政収支への対応策（**表2参照**）は、減量・施策・政策経営と、

3段階にわたる対応策がある。現在の財政悪化への対応は、政策レベルからみて、未成熟であり、必ずしも有効な効果を、発揮していない。[4]

　これら対応策の実施には、まず前提条件として、ムダの淘汰は、既得権益との抗争で、そのため中央統制・内部統制・市民統制があり、情報公開と政策科学との連携で、実態を明確化して、改革への起爆剤とすることである。

　自治体経営における、減量・施策・政策の3つの経営は、すべて必要であるが、減量経営から施策経営へ、さらに政策経営へと、ムダの淘汰も、レベルアップさせていかなければ、成果は結実しない。人事・給与の制度設計・運用システムでみると、わかりやすい。

　第1に、減量経営では、給与の一律削減であるが、これでは人件費の削減はできても、自治体の人事・給与の改革はできない。せめて年齢・職種に対応した、削減・是正をなすべきである。[5]

　第2に、施策経営は、減量経営より進化した方式で、事務事業の外部委託、非正規職員の導入などで、人件費総額の削減効果は大きいが、硬直化した自治体給与システムは、そのままである。

　たしかに人件費総額は、減少するが、自治体の人事・給与システムは、ムダの構造を、残したままであるだけでなく、非正規職員という、不合理な要素を、増殖させていった。

　第3に、政策科学による政策経営でなければ、やがて自治体財政はいき詰まり、実質的な財政破産となる。人事・給与では、極論すれば、同一年齢同一賃金という、旧来の給与体系を変革し、総合職と一般職に区分した、執務内容・責任に対応した、給与体系への変革である。

表2　地方自治体の経営改革段階

区　分	評価基準	内　　　　容
減量経営	財源収支	給与削減　組織縮小　サービス抑制
施策経営	システム選択	非正規職員導入　民間委託　市場サービス化
政策経営	構造改革	給与体系の変革　最適システムの形成　市民連携

また人事との関連では、年功序列の役職配分でなく、能力・責任に対応した、業績評価系でなければならない。要するに単なる人件費カットでなく、給与体系の形態・運用の変革が、財源的にもきわめて大きい。

　世論の非難を浴びた、「わたり」が、もたらした人件費のムダを、5％とすると、10年度人件費23.5兆円で1.18兆円となるが、公営企業・外郭団体にも、波及しており、約2兆円にはなる。10年間では20兆円の巨額となるが、世論の非難を浴びて、「わたり」の縮小・廃止は、浸透していった。

　地方公務員給与で、民間給与比較で、目立つのは、技能労務職給与で、民間の1.5倍であり、民間なみにすると、節減は少なくとも年1兆円はくだらないであろう。しかし、生首を切るという、荒療治は、できないので、退職不補充という気の長い対応となる。

　どうしても早期にシステムの変革の方針を固め、政策経営を、実施しなければならない。思いつきの減量経営だけでは、ますます歪んだ、人事・給与となる。課題は、減量経営を政策経営へと高め、いかに自治体の創造的破壊に連動させ、制度・システムを変革できるかである。

(3)　公共経済学のすすめ

　自治体財政は、高度成長期が、終って以来、20年以上の民営化・減量化を遂行してきた。外部委託・ラス指数抑制などで、自治体財政の総額は、2001年94.4兆円から2010年94.7兆円と、ほとんどかわらない。

　減量・施策経営の効果であるが、生活保護費にみられるように、なんらかの政策の転換がなければ、総額の抑制すらできない。窮余の策として、兵庫県小野市では、「市福祉給付制度適正化条例」が制定された。「監視でなく、見守りの強化が目的」としているが、保護費の使途に、通報システムまで、動員しているが、運営システムの悪しき対応である。

　生活保護のムダの淘汰には、公共経済にもとづく、制度設計によるムダの抑制・効果の向上という、視点にたつことが必要である。生活保護の健康保

持・勤労意欲の向上に寄与する、保護システムを、組み込むことで、たとえばフリードマンのマイナスの所得税の導入とか、政府が検討中の賃金収入預金制などである。制度設計の変革で、財源を市民ニーズの大きい分野へ組換えれば、財政再建は、達成できる逆説を、会得しなければならない。

　第1に、新行政管理派にしても、市場化は、手段であり、目的は市民福祉の極大化のはずである。減量経営意識が、先行すると、厚生労働省の抑制通達に、過剰反応し、生活保護を切り詰め、貧困者をして、死に至らしめる結果となる。

　地域福祉は、どうあるべきかという、基本的理念をもって、政策的対応を遂行し、施策の選別を図っていかなければ、よりのぞましい政策対応が、思い浮ばないであろう。

　福祉サービスのムダは、個人の生活態度といった次元でなく、制度設計のマズさである。貧困ビジネスの増殖、個人不正受給の増大は、医療無料化の安易な運用である。かつて病院への交通費に、億単位の還付が行われていたが、地域社会の実情にあわせて、設計すべきで、都市部では、1回1,000円程度にすべきである。[6]

　第2に、市場化とか外部委託化には、メリットとデメリットがある。実施にあたっては、メリットを拡大し、デメリットを縮小する、対応策がなければならない。たとえば外部委託は、競争・寡占・独占への経過を、たどりかねないからである。

　短期的・フローでみれば、減量化に寄与したとしても、中期的・ストックでみれば、実質的赤字という、ケースは珍しくない。建築基準審査でも、民間委託が、すすんでいるが、下手をすると、安全性を犠牲にした、効率性となる。自治体は、無認可保育所を黙認しているが、安全性を犠牲にした、減量化である。

　減量化の盲点は、波及効果の視点の欠落である。たとえば行政情報センターの管理費を削減すると、たしかに経費は、削減されるが、行政情報の蓄積というストックが、貧弱になり、情報公開も不十分となる。

結果として、自治体の政策形成の貧困化だけでなく、住民運動による市民統制が、脆弱化して、長期的間接的には、行政のムダがはびこる、行政風土を培養する。
　第3に、自治体財政の効率化は、なにも民営化だけが、唯一の方法でない。むしろ優先されるべきは、制度・システムの変革である。生活保護でみれば、不正の摘発より、制度設計の変更で、貧困ビジネスを根絶すべきで、生活保護ケースワーカを増員して、不正受給者を排除するとともに、受給者の自立化であり、就業支援である。
　そのための自立支援は、生活保護費節減のみでなく、市民の生きがいという、非経済効果からみて、費用効果は、きわめて高い。公共投資でも、行政サービスでも、間接波及効果を、十分に算入しなければならない。
　第4に、財政規模が、縮小しても、システム変更で、市民ニーズの充足度は、拡大するという、逆説をしらなければならない。たとえば10億円のＡ支出で、5億円のニーズの充足しかない施策と、10億円の支出で15億円のニーズの充足のＢ施策がある。市場経済において消費者余剰の現象である。
　単純計算では、ＡＢ20億円の支出のうちＡ支出5億円を削減し、Ｂ支出に組み替えると、単純計算では、住民ニーズ充足は、Ａ支出は2.5億円、Ｂ支出は、22.5億円で、合計25億円となり、組み換え前の20億円から、5億円住民ニーズ充足はふえる。
　机上演習的な数字のマジックであるが、施策選択を高めれば、財政規模は縮小しても、住民ニーズの充足度は、高まる。要するに財政規模が、縮小したから、市民充足度が、縮小するとは、限らない。システムを変更し、より住民充足度の高い分野へ、財源を転用していけば、実質的な財政効果は拡大する。
　震災復興事業でも、ハードの復旧事業より、ソフトの生活再建のための、実効性のある施策対応が困難である。いわゆる中間支援機構というべき、民間法人が欠落しており、今後、如何にして、公益法人・ＮＰＯ法人・公的基金・中間センターなどが連携した支援活動の中核組織を創設できるかが、生

活支援のカギを握っている。要するに制度設計・運用システムの問題であり、財源ベースの問題ではない。

　自治体財政ムダの検証、すなわち、なにがムダかは、経済性・効率性・効果性、いわゆる 3E の追求である。行政産出量と行政コスト（経済性）、運営費と利用量（効率性）、総合費用と住民充足度（効果性）である。

　第 1 に、同規模の学校建設であれば、単位建設費が、低いほうが経済性がり、同じ住民登録票のサービスでも、単位サービス費が小さいほうが、経済性がある。

　第 2 に、文化ホールの場合、同じ運営費であっても、利用者が多いと、当該施設は、効率性がよいことになる。

　第 3 に、博物館では、管理運営費が同じであれば、住民満足度が、高い方が、効果が大きいといえる。要するに定数評価でなく、定性評価となるので、単に入場者が、多いか少ないかで、判断できない。

　もっともこれら評価指標は、あくまで評価の目安であって、実質的評価ではないが、費用効果をふくめた、評価の査定を高めることで、ムダの摘出にたえられる選別基準となる。

2　自治体財政ムダの淘汰

(1)　個別財政歳出のムダ

　自治体財政のムダは、個別にみても、無数に発生しているが、財政支出の収益・損失という視点で、ムダを検証してみると、はるかに巨額のムダが、浮上している。

　本書の分担区分でみると、第 1 に、人事・給与運営では、ラス指数で、国家公務員の給与指数が、約 8 ポイント低下したので、地方公務員の給与が、

8％ムダとの烙印を、おされる羽目になった。ラス指数評価は、絶対的基準ではないが、ラス指数を、否定する基準がない以上、一応、ラス指数は、明白常識的ムダの基準となる。

　ただ地方公務員の給与体系は、ほとんど職種・職階に関係なく、年功序列的給与体系が形成されており、民間との比較では、サービス部門の給与水準は高く、給与体系の見直しが必要である。

　一方、人件費削減の方策として、非正規職員数が、増加しているが、臨時的雇用と常勤的非正規職員とは区別して、地方公務員の給与体系を、再編成して、正規職員化をすすめるべきである。

　第2に、資産管理・運用では、従来、自治体では財政・管財課が、物的に管理しており、経営的には管理していなかった。近年、公的不動産管理（Public Estate Mangement）が、すすみつつある。

　自治体の資産は、普通財産としても、不動産・流動資産（債務）があり、行政財産も、不動産・流動資産（債務）がある。これら資産を公共性・経済性・効率性（利用度）から、総括的に管理運用する、体制強化が急がれる。

　自治体が、保有する資産は、厖大である。まず、その実態を把握し、ついでこれら資産運用がどうなっているか、そして有効に運用されているかである。実際は安易な有効活用策があだとなり、不良資産化しているが、どう損失を最小限に、食い止めているかである。

　普通不動産としての課題は、なんといっても土地開発公社の「塩漬け不良資産」が有名で、全国で5年以上のものは2兆円超となっている。これら土地は、首長・議員の関係会社からの購入も少なくなく、厳密には、汚職にちかい経過をたどって購入されている。人口10万人前後の市でも、数十億円の不良資産を、かかえており、ムダの極みといえる。

　しかし、自治体の拙劣な運用ばかりが、責められない。土地開発公社は、列島改造のさなかに設立され、政府資金融資を、積極的に注入したため、自治体の、高値の不要土地の購入への誘因となった。いわば銀行のおしつけ融資の類で、政府の制度設計の失敗である。

また資金運用では、自治体は、意外と基金をはじめ、さまざまの金融資産を保有しており、近年の長期超金利で、安全・安定運用ばかりではどうにもならないと、仕組み債（デリバティブ債券）を、購入しているが、「ハイリスク・ローリターン」で、おおくの自治体が、巨額の損失にみまわれた。

　兵庫県朝来市も、リーマン・ショック後の円高で、57億円を購入したが、最大16.3億円の損失が発生し、銀行・証券会社を、説明不十分として、提訴したが、「アベノミクス効果」の円安で、4.5億円の売却益をえて売却し、ことなきをえている。[7]

　長期のデフレが、つづいているが、インフレを想定すると、基金などの運用は、内国債券・定期預金のみでは、目減りするばかりである。運用資産割合（ポートフォリオ）の基準をさだめ、収益性を高め、資産防衛を図っていく、戦略を採用するかどうかである。

　政府の公的年金運用の有識者会議も、中間報告書で、投資対象を分散し、適度の収益率向上が、必要と報告している。[8]

　問題は、民間丸投げでなく、自治体が、専門能力を、もたなければ、確実な収益性が、確保できない。資産運用だけでなく、あらゆる事務事業の外部化に、共通する原則である。

　特異なケースとしては、土地運用では土地信託事業があり、大阪市は複合ビル「オーク200」で、637億円の賠償地裁判決をうけている。また資金運用管理では、近年、外国債の運用損失が目立つが、自治体は決して資金運用の能力が欠如しているのではない。かって神戸市のように、関西電力株・マルク債などで、巨額の売却益を生み出している。[9]

　要するに自治体であっても、市場メカニズムに対抗して、民間より優秀な成果を、獲得できるのであり、安易な民間依存ほど、大きな損失をもたらす。大阪市の公募区長・小学校長の不祥事をみていると、杜撰な民間崇拝ほど、馬鹿げた選択はない。

　自治体がもつ、政策形成・技術開発能力などの潜在的能力は、決して民間に劣っていない。自治体職員を信頼しなくて、どうして立派な行政ができる

のか。外部人材の導入は、職員勤労意欲の阻害を考えれば、よほど優秀な人材でなければ、収支はあはない。

第3に、行政サービス（補助金・融資をふくむ）では、世間的関心をあつめているのは、なんといっても、生活保護の不正受給額で、厚生労働省のまとめでは、2011年度総額173億円（約3.5万件）にもぼる。しかし、11年度の生活保護費は総額で約3.5兆円、不正受給額は0.5％（前年度0.4％）に過ぎない。[10]

それでも金額にすれば、1,400億円で、この額は無視できない。社会的風潮は、生活保護費抑制のため、受給者の生活行為まで通告する、監視社会化が、奨励されている。

生活保護・医療保険・介護保険のムダをみると、制度設計の悪さが、ムダを誘発している。卑近な事例が、生活保護の貧困ビジネスであるが、医療保険でも、患者紹介ビジョンが横行している。[11]

公共投資・人件費に比較すれば、不正受給の比率が低く、生活保障の水準は、欧米と比較して低い水準にある。それでも不正受給は、削減されるべきであるが、生活保護行政は、潜在的には要生活保護者が、倍以上もおり、削減だけでなく、制度全体の見直しのなかで、不正受給問題は、対応策が形成されるべきである。

第4の公共投資・箱物行政では、ほとんどの公共施設で、利用率がきわめて低く、明白常識的ムダといえる。批判の対象としてあげられるのが、合併町村の箱物である。

しかし、実際は、合併を促進するには、旧町村ごとの施設設置が、合併の成否を、握っており、自治体としては、余儀ない選択であった。むしろ地域振興基金（一部が認められている）を原則として、特例債による建設債（交付税補填70％）を例外とするべきで、制度設計ミスの産物である。

最近、政府は「国土強靭化」などを、スローガンに、「元気交付金」1.4兆円を、散布している。大阪府忠岡町でも、総合福祉センター（補助金3.6億円）を、建築しているが、全国自治体の96％が、交付金を受け取るが、自治体サイ

ドとしては、当然の選択である。財源的に補助金・交付税措置で、負担額の1.3倍の財政支援措置となるからである。[12]

　地方活性化というならば、ミニ電力事業への財政支援のほうが、はるかに実効性が高い。[13]　箱物行政で、活性化するのは例外、財政支援・景気対策であれば、既存公的資本の維持・補修でも同じである。あしき制度設計の後遺症が、むしろ管理・運営コストの増加と、なってくるであろう。

　さらに深刻な課題は、資本・施設の老朽化がすすみ、維持・修繕コストが、莫大となり、財政圧迫要素となりつつあり、この事実は、見過ごすことはできない。

　戦略的資産といえる地域開発関連資産では、外郭団体などの赤字は、枚挙にいとまがないほどあるが、近年、債務整理がすすんでいる。神戸市は外郭団体の「神戸ワイン」の貸付金30億円回収を断念し、同団体を来年度解散する方針を決定した。自治体財政支出のムダは、これら以外にも、歳入では地方税徴収・使用料手数料など、歳出では補助金などがあるが割愛した。

　第5に、外部処理方式は、コスト削減が、戦略点目標となっている。サービスの水準が同じであれば、コストの低いサービスが、給付形態としては優れており、アウトソーシング方式に反対するには、その非コスト以外の効果を、立証しなければならない。

　ただ外部処理方式は、外郭団体方式（準公共）が、非難される一方で、特定管理者制度がひろがり、民間公益方式（NPOなど）が推奨され、民間企業方式（PFIなど）の導入も、ひろがっている。

　基本的に自治体が、事業処理団体である必要はなく、地域社会のエネルギーを、最大限に活用する、調整者、プロモータ、コーディネイターであればよい。しかし、自治体の政策・管理能力が、貧弱であれば、民営化の弊害を見逃し、外郭団体方式の二の舞となる恐れがある。

　さらに問題は、保育所・交通・病院・水道・ごみ施設などの民間委託、さらには売却・民営化がひろがっているが、自治体の人件費の高さが、最大の原因である。ただ保育所は、民営化といっても、行財政面からみれば、業務

の外部処理にすぎなく、自治体の指導性は、確保されている。

しかし、公共施設の委託となると、丸投げ方式となり、委託契約だけでは、経営指導が十分とはいえない。自治体は、丸投げ方式をなるだけ避けて、公営交通の場合、路線免許は維持し、運行だけを民間委託するとか、水道では、第3セクター方式が、導入されている。[14]

このような外部化は、過度期の形態で、大阪市交通事業のように、完全民営化として、売却方式をめざしている。しかし、自治体が、主要行政の外部化をしていけば、行政能力の総合化が破綻し、技術・情報の喪失が発生し、長期的には行政劣化をきたす。

阪神間の市立病院をみると、続々と産婦人科の分娩廃止がつづいているが、公立病院の開業医化に、市民の不安が広がっている。水道・ごみ施設でも、民間委託が、広がっているが、民間が撤退すると、自治体が、その処理能力を枯渇させてしまっており、行政能力の空洞化が起こる。民間委託で減量化を図っていくが、行政専門技術をどう、内部留保していくか、深刻な問題である。

多様なシステムのうちから、最適の執行形態を選択し、メリットをいかし、デメリットを抑制する、能力が求められる。民間外部方式も、当初はメリットが、大きいが、やがて寡占・独占化がすすむと、委託コストの上昇を、招く危惧があることを、事前に覚悟しておくべきである。自治体に政策・調整・遂行能力、すなわちEnable（実現能力）があるかどうかが、不可欠の前提条件である。

(2) 自治体財政ムダの様相

ただどのような制度・システムの運用においても、必ず1割前後のムダがある。市税をみても、課税対象の捕捉漏れ、滞納率の発生、安易な不納欠損処分など、さらには不当な減免措置をふくめれば、1割のムダがある。地方財政全体の財政規模100兆円とすると、普通会計だけで、10兆円のムダ

となる。

　比較的明白なムダは、自治体のあらゆる分野で発生している。第1に、首長のムダとしては、首長の汚職などによるムダであるが、首長の外遊など、公費の浪費として世間的な批判をあびているが、ムダかどうかの線引きはむずかしい。[15]

　首長による施策選択のミスによる、致命的なムダは、公共投資で、直接的効果（乗数効果）だけでなく、間接的波及効果（地域産業活性化効果）もふくめると、プロジェクト収支は、黒字となるとの、分析がなされているが、事業収支の赤字が、巨額であれば、収支以前の問題となる。

　施策選択による、ムダの発生も無視できない。しかも赤字は、巨額であり、庁費・役所費などの節減努力を、帳消しにする。[16]

　第2に、議会のムダとしては、多く自治体で、慣例となっている、議会本会議での質問事項事前通告である。本会議の前日の深夜になって、提出されると、関係職員は、残業手当・タクシー代（最終電車なし）、さらには自費で、ホテル代をきらされる。

　本来、このような悪弊は、前日の5時までに、通告がなければ、首長は、答弁しないとか、余分の発生した経費については、当該議員が、賠償責任を、負うべきである。

　第3に、職員のムダとしては、福岡県仲間市職員ら5人が、生活保護約300万円の不正受給で、告訴されている。市民と共謀で、支給対象にならない市民を、生活保護者に仕立てた疑いである。

　第4に、市民のムダは、意外と多い、生活保護の不正受給が、世間で騒がれているが、健康保険料・保育料・学校給食料などの滞納である。貧困家庭は、減免されているので、その後の生活環境の悪化が、原因と考えられるが、そればかりでなく、公的負担へのモラルハザードもある。自治体は、個別対応で、きっちんと対応すべきである。

　個人だけでなく、医療機関・介護サービス会社などの、不正請求による詐取がおおく、免許取消だけでなく、詐欺として刑事事件となっている。

曖昧実質的ムダは、無数に発生している。自治体の支出・施策・政策の選択における最適化が求められる。第1に、首長の選択、議会の選択、職員の選択、組合の選択、そして、政策選択が、適正でなければならい。首長の施策選択におけるミスの損害としては、たとえば前石原東京都知事の「石原銀行」は、1004年に1,000億円で、設立されたが、今日ではどう少なくい見積もっても、数百億円の赤字であり、施策選択の失敗によるムダである。
　第2に、議会の責任として、首長のミスに関係した会派・議員は、なんらかの賠償責任を追求されるよう、制度設計を、改正すべきである。
　第3に、職員について、明白重大な虚偽の行政データ・事実によって、施策の決定に、影響を及ぼした場合は、賠償責任を、追求されるべきである。
　第4に、住民が、施策・政策決定に関与して、賠償責任を追求されるケースは、考えられない。むしろ住民は、反対運動を展開しているのに、行政サイドが実施されて、損害が発生したケースがほとんどである。[17]
　財政のムダは、どうして発生するのかである。自治体は、行政団体であるので、第1に、コスト意識の欠如が、指摘されるが、自治体はコスト意識が、ないわけでなく、事務処理におけるコンピュータ処理・人事費の抑制などをみればわかる。むしろムダは過剰投資・資金・採用などの、"誤謬の選択"であり、民間企業も同様である。
　第2に、市場メカニズムの洗礼を、受けていないといわれるが、地域開発とか観光行政などでは、洗礼をうけている。しかし、生活保護など、一般行政まで、コスト意識・市場メカニズムを優先して、行政処理をするのは、公共性からみてそぐわない。
　むしろムダの原因は、第1に、政治的には財政力を無視した、中央省庁・首長・議会・組合・民間団体・住民の利己的要求で、自治体が財政的節度をもって対応していない。
　第2に、財政的には、財政支出・財政管理において政策的能力の貧困、たとえば支出において、費用効果分析の欠落、行政的には財政統制の機能不全である。そもそも予算編成においての事務事業の行政評価が、十分になさ

れていない。

　第3に、行政的に中央・自己・市民統制とも不完全（情報公開・住民投票）であるためであった。むしろ市場メカニズムの適用より、民主・公共メカニズムの統制が機能していないのが、原因である。

3　自治体経営のムダと対応策

(1)　財政のムダと責任・賠償

　ムダの損失が、発生した場合、どこまでムダの補填責任が、追求できるかである。ムダをもたらした関係者が、どう責任をとり賠償するかである。責任・賠償が、追求されなければ、ムダの再発はさけられない。

　自治体では、カラ主張・予算流用による"裏金"の補填として、全職員が、給与天引き方式で、長期で補填している。また住民訴訟の多発と、賠償額の巨額からみて、管理職は、保険をかけて、自己防衛に戦々恐々としている。合理的なシステムに、変更されるべきである。

　ムダ防止としては、住民監査請求・住民訴訟にくわえて、公務員の損害賠償については、近年、厳格化の方向にある。

　第1の対応は、内部賠償責任のシステム強化である。民法・刑法をふくめて、地方公務員法による損害賠償であるが、近年、賠償責任追求の様相は、様変わりしつつある。法令による管理責任だけでなく、事務事業執行上の責任も問えるかである。

　住民訴訟では、政策選択も追求されているが、違法行為の先行行為として、重大かつ明白な瑕疵が、ある場合に限定される。ただ差止請求では、「回復困難な損害発生のおそれ」も対象とされているが、違法性の認定は、困難である。なお行政争訟も、同様の問題である。

第1に、予防措置として、職員への研修、意識改革、さらには勤務査定の厳格化が、浸透している。このような監視体制と並行して、内部告発システムの整備がすすんでいるが、職員への締め付けだけで、改善されない。[18]

不当・違法行為は、現行システムで追求するとして、首長・議員を含めた、自治体の施策・政策能力の向上が、より効果的緊急の課題である

第2に、連帯責任制の導入である。大阪市では、橋下市長の方針で、不詳事事件による懲戒処分数を、過去5年間の平均の半分という、目標をかかげて、達成できなければ、監督責任として、関係管理職の給与・手当などの削減を決定していた。

1013年2月18日に、半年間の目標である、40件以内に抑制できなかったので、担当副市長（給与の1％、15万円前後）・区長（給与1％、6.5～8.1万円）・所属長ら48人管理手当（6.1～6.7万円の5％）が対象となった。それぞれ自主返納することになった。[19]

しかし、管理監督責任といっても、施策・政策形成の責任はともかく、個別職員の不祥事まで、責任を追求するのは、限度をこえており、見せしめ的効果以外の何ものでもない。

第3に、責任・賠償時期の遡及である。神戸市は、在職中に公用車用ETCカードを、不正使用した元職員に対して、「本来なら懲戒免職だった」として、支払い済みの退職金2,850万円の返納を命じた。神戸市は、3年前に現役時代の不正を理由に、OBに退職金返納を、求めるよう退職手当条例を改正しており、今回が初めての適用となった。[20]

第4に、西宮市の学校教育事務員が、修学旅行・卒業アルバム代など、約260万円を、着服したとして、懲戒免職処分になっている。[21]しかし、学校経費は、公金には該当しないので、懲戒免職処分は、厳しいのではないか。大阪市では、ごみのなかの現金を着服したとして、内部告発し懲戒免職になった職員が、処分の取消をもとめた判決が、1013年2月25日、「免職は重すぎ、裁量権の乱用」として、処分取消を判決している。[22]

第2の対応が、法律にもとづく損害賠償でなく、施策・政策の失敗によ

る損害賠償である。首長・議員・職員が、政治的道義的責任を、感じて辞職するケースが多いが、辞職しても、損害賠償が、なされるわけでない。

第3の対応が、違法・不当の事実が、判明しなければ、住民訴訟だけでなく、首長の職員を処分できないので、情報公開制度の拡充が、不可欠の前提条件となる。

ムダの責任・賠償追求、さらにムダの淘汰は、かなり厄介である。内部統制システムで、監査委員の監査、議会審議、行政評価システムなど、さまざまの装置が、設定されているが、有効に活用されているかである。

第4の対応として、施策・政策選択によるムダの摘出・責任の追求は、外部統制によることになる。施策・政策選択のムダの淘汰は、ムダ・責任の所在が、どこにあるのか曖昧で困難である。

第1に、市民統制として、直接請求・住民監査請求・住民訴訟などでは、現職の首長・職員が賠償責任の対象とされているが、不都合である。これらの責任については、施策・政策決定過程の記録をのこす、行政情報の保存の問題ある。首長のみ対象とされるが、その施策を強引にすすめた議員の責任は、棚上げされてよいのかである。

第2に、マスメディアによるムダの指摘であるが、外圧の前提条件として、情報公開制度の充実である。要する外圧による、自治体の自己統制のインセンティブを、高める効果がある。情報開示を効果的なものにするには、財務会計の企業会計化・事務事業評価の普及など、前提条件の整備がもとめられる。

第5の対応として、これら統制機能が、制度・システムの改善・改革で、確実にムダの淘汰へと実効性を発揮するには、首長が決断すればよいが、統制・監視機能でとなると、外部統制にすべて委ねられている。

なお会計検査院（法36条）は、不当支出などが、単発でなく法令・制度による場合で、系統的継続的とみられる場合、法令・制度改善の意見をのべ、改善を要求できる。しかし、過失のある職員への賠償など、自己抑制機能が作用しないから、十分の効果を発揮していない。

(2) 財政のムダの根絶

　財政のムダは、永久になくならないが、極限まで抑制することができる。ただ個人的な対応ではなく、制度設計と運用システムの改革・改善が、前提条件となる。
　第1に、地方財政制度をみると、自治体財政は、財政需要に対する財源として、地方税・補助金で対応し、不足は交付税で補塡する仕組みである。問題は交付税の補助金化がすすむと、自治体の基本的財政需要への財源保障という、交付税の使命は希薄化し、与えられた財源の範囲で、自己努力するシステムが、崩壊している。
　そのためどうしても、補助金・交付税依存体質となり、補助金行政の弊害として、ムダな施設でも、補助金があればと建設してしまう。
　第2に、自治体財政をめぐる、情報公開・会計制度・運用統制へのシステムが、未成熟である。財政状況の公開にしても、一般的には、「財政のあらまし」程度で、財政指標の列挙に過ぎない。
　財政状況を分析した情報公開はない。まして個別施策の評価となると、一般的情報は、皆無に近い。近年、「外郭団体経営状況」などが議会へ報告され、また「施設白書」などが公表されているが、「人件費白書」などはない。
　市民オンブズマンとかマスコミが、不当・違法支出を摘発して、はじめて事実が、白日のもとにさらされ、市民はびっくりし、憤慨することになる。土地開発公社の不良資産も、自治体の内部監査とか、議会審議で、あきらになったのではない。要するに既存システムは、制度疲労・運用麻痺をきたしており、抜本的改革が迫られている。
　第3に、自治体の政策能力、ひろい意味では、自治体のガバナンスの向上が、不可欠である。高度成長期、自治体は、宅地開発要綱・公害防止協定・超過課税・超過負担訴訟など、自治体財政の卓抜した自己防衛政策を展開した。
　今日、自治体は、生活保護・介護保険・健康保険、さらには保育所行政ま

でもふくめた、福祉財政の膨張に、押しつぶされてしまいかねない状況にある。しかも原因は、政府が決めたきわめて拙劣な制度設計・運用システムであり、自治体は、その被害者である。

　自治体は連携して、政府に改革を要求し、一方、自治体も、現場における改革実績を、示していくべきである。首長・議員、職員の汚職・不正行為などは、個別問題として、処理すべきであるが、自治体財政のムダという点では、制度・運用改革が、より大きな効果をもたらす。

　第３に、住民投票が、究極の市民参加であり、施策選択の最適化をもたらす、最高のシステムである。しかし、住民投票の運用も、必ずしも順調にはいかない。住民投票が、政治的に利用されると、本来の機能が作用しないし、行政の混乱と財政のムダが発生するだけとなる。[23]

　住民投票だけでなく、首長・議員リコール・議会解散など、下手をすると、名古屋市のように、首長が政治的に利用し、行政費のムダを、誘発するはめになる。投票は、本来、政策を決定する、手段でなければならないが、イメージ選挙とか、政党利害の選挙になりやすい。

　住民投票が成功するには、アメリカのように住民投票請求権・投票結果の実効性が、不可欠の前提条件であり、諮問的投票でなく、決定権のある住民投票への制度改正が必要となる。しかし法律改正となると困難で、地方条例で、諮問的投票制でも導入すれば、それなりの効果はある。

　投票をつうじて、政策のメリット・デメリットを、論議する過程が、重要である。この熟慮の討議をはぶく、投票は、選挙であれ、住民投票であれ、誤謬の選択となる恐れが、少なくない。

　自治体財政のムダを、淘汰することは、結局、地方制度改革であり、自治体経営の変革であり、政府・自治体・市民関係の近代化（政策科学化）である。自治体としては、率先垂範し、制度設計・運営システムを改善する、自己努力を積み重ねるしかない。

　そのためには、自治体のみでなく、市民のふくめた、政策能力の向上がもとめられる。選挙による刹那的参加、市民オンブズマンによる散発的制裁で

は、ムダのもぐらたたきにおわる。施策形成にむすびつく、運動・行為でなければならない。まず当該自治体の財政支出の徹底的分析であるが、だれがどうしてやるかである。

注

1　井堀利宏『「歳出のムダ」の研究』では、歳出のムダを、「相対的なムダ」と、「絶対的なムダ」にムダを区分している。
2　議員の行政調査費をめぐるムダは、きわめて曖昧な線引しかできない。和歌山県の県議 39 人の政務調査費 7,850 万円が、和歌山地裁で違法とされた。毛髪活性剤・娯楽映画 DVD 購入代などであるが、県議が役員の会社建物を事務所とした賃貸料も、違法支出とみなされた。朝日新聞 2013.1.30、もっとも「運用・選択」のムダとなると、その評価はわかれる。たとえば大阪市市議会で、3 議員が、昨年それぞれ京都大学大学院授業料の 50％（26.8 万円）、大阪市立大学大学院入学金の 90％（20.0 万）、大阪市立大学大学院入学金授業料 100％（53.9 万円）を、政務調査費（12 年度 1 人当り 708 万円）で支払ている。「弁護士に相談し、判例も見て問題ないと判断した」と弁明している。議員個人の利益であり、市政に必ずしも反映される保証はない。運用解釈の問題でなく、市民感情からして、個人利益に帰属支出であり、納得できないであろう。朝日新聞 1013.7.1。
3　朝日新聞 1013.9.27。
4　自治体経営の類型化について、高寄昇三『新地方自治の経営』（学陽書房 2004）参照。
5　高寄昇三『自治体人件費の解剖』（公人の友社、2003）、高寄昇三・山本正憲『地方公務員給与は高いのか』（公人の友社、2013）参照。
6　例外事例は、個別申請によるべきである。過大請求は、北海道滝川市で、生活保護受給者が、2 億 3,886 万円を不正受給した事件である。朝日新聞 1008.4.13。なお札幌地裁は、平成 25 年 3 月 27 日、当時の福祉事務所長と福祉課長の 2 人に重過失があったとして、前者に 9,785 万円、後者に 1,855 万円の損害賠償を命じている。『日経グローカル.NO223.2013.7.1』42 頁参照。
7　朝日新聞 1013.6.14、7.11。
8　朝日新聞 1013.9.27。

9　神戸市マルク債運用について、高寄昇三『宮崎神戸市政の研究第2巻』(勁草書房 1993) 246〜257頁、関西電力株の売却については、高寄昇三『宮崎神戸市政の研究第3巻』(勁草書房 1993) 305〜316頁参照。
10　朝日新聞 1013.3.12。
11　朝日新聞 1013.8.25・26。
12　朝日新聞 1013.7.20。
13　小田原の「ほうとくエネルギー」(資本金 3,400 万円) は、地元企業 24 社が設立した、太陽光発電で、3,000 世帯の主要電力をうみだせる。朝日新聞 1013.7.23。
14　水道施設の第3セクター方式については、朝日新聞 1013.9.24。
15　具体的事例としては、大阪市橋下市長の慰安婦問題の発言余波として、訪米が中止となり、キャンセル料 59 万円が発生したが、市議会で、「天変地異など不可抗力の理由がない限りキャンセル料は自費でまかなってきた」と、市長の負担をもとめたが、市長は見解の相違であり、「違法性がないなら個人負担にならない」としているが、市民感情といしては、釈然としないであろう。朝日新聞 1013.6.23。
16　兵庫県伊丹市で、若い世帯呼び込み施策として、公的賃貸住宅 (特優賃) への家賃支援 (所得月額 15.3 万円〜26.8 万円が対象) を導入した。その後の所得水準の変化に対応して、要綱どおり対応ができず、2001〜2010 年 2.7 億円の要綱違反支出があったとして、住民から監査請求が出されている。もともと施策として無理な選択であり、首長の選択ミスである。
17　もっとも市民責任のムダとして、特異な事例では、広島県議の解職リコール投票費用 6,000 万円がある。無免許運転の常習犯で有罪判決をうけたが、逮捕後 1 年 8 月間に、2 度の辞職勧告決議も拒否し、職に止まったが、11 年に初当選したが、在任中、議会で発言したのは 2 回だけである。結果、住民投票のリコールとなった。府県レベルの議員リコールは、全国初であるが、同議員に支払われた議員報酬 2,404 万円とリコール費 6,000 万円の合計 8,404 万円であるが、政務調査費とか、議会関係費を加算すると、1 億円にもなる。朝日新聞 1013.1.20。
18　大阪市の場合、橋下市長の方針で、君が代斉唱・職員意識アンケート、喫煙者査察チーム・公益通報制度・問題職員の研修 (免職視野) など、職員への合法・違法・脱法的締め付けが浸透しているが、職員が萎縮し、現場での改善意欲を、殺ぐことになりかねない。
19　朝日新聞 1013.6.8。
20　地方自治法 243 条では、損害発生・事実認識から 3 年が時効であるが、現金・物品の場合、3 年間の除斥期間がある。

21　朝日新聞 1013.6.7。

22　朝日新聞 1013.3.26。

23　長野県佐久市では、「総合文化化会館建設」をめぐって、推進の現市長と反対の対立候補があらそったが、住民投票で再度、住民の合意を再確認する必要があるとの、公約をかかげた対立候補が、市長に当選した。結果、すでに用地買収（23億円）もすみ、住民の建設陳情をうけ、議会が全員一致で賛成した、建設は白紙となった。新市長のもとで、「住民投票条例」（成立要件有権者2分の1）が、設定され、実施された住民投票は、投票率54.9％、結果は、7対3で反対多数で、建設は完全に撤回された。問題は、新市長が、1年後、合併特例債356億円を全部使い切ると明言し、文化開会予定地に公園・運動場・武道館・温泉利用型健康施設など、箱物の建設をはじめた。住民も議員も反対しない。一体、住民投票は何のために行われたのが、政治の翻弄された、住民投票の弱点をされけだして市であった。飯島雅則「『住民投票は何の、誰のため』職員を辞め議員に、政策変更迫る」『日経グローカル』NO.230　2113.10.21

Ⅱ　人的資源のムダと人事・給与改革

大阪地方自治研究センター　特別研究員　**荒川　俊雄**

1　はじめに

　自治体の人件費のムダはどのようにして生じてきたのか、その原因は高度成長期に人口が都市に集中したことにある。その凄まじい速さで集中してきた人口の受け皿として自治体は、新たな都市基盤整備、生活基盤整備、生活環境整備、文化施設整備、コミュニティ再編整備等々の、速さと大きさと重大さを伴った新たな公共施策の対応に追われることとなった。そのために、職員を増員せざるを得ず、それまでのどちらかというと兼業農家等の親族の採用から専任的職業人としての職員の採用とその条件整備に追われることとなったのである。

　人口急増期に様々な公共施策の対応のために採用した職員、特に団塊世代前後の職員がその後の人件費の大きな圧迫の原因にならざるを得なくなる。もちろん、当時の採用が困難な時代であるが故の採用、つまり、給与等の設定でのいきすぎや、その後の人口安定期に入ってからも安易な採用等もあるかとは思うが、人件費のムダを考える上でこのことを認識しておくことが人件費問題の解決策を探るうえで必要であると思慮する。
　このことをふまえ、高度成長期以降、経済安定期、そして現在までの職員、給与等の増加とその後の弛緩、さらにその後の職員数の減、給与の減額等の改革にふれていく。
　その後に、さらにこれからも続きそうである職員数の減をこのまま続けていいのか、今後ますます重要性を増すであろう公共の役割を見据えれば、これ以上の削減は問題を生じさせることにならないか。職員数の削減ではなく、職員の育成、活用による成果の向上で公共の役割をしっかり果たしていくことはできないのかを探っていきたい。

また、職員数の減や委託化の流れに伴い、非正規職員が増加し、正規職員との賃金や労働条件の格差から生じている問題状況とその解決手法についても検討する。

　最後に、これまでの手法の延長線上の単なる削減では人件費のムダは消滅しないばかりか、反対に新たな人件費のムダになりかねない。職員数削減、給与等の減額による職員の焦燥感や〈やる気〉喪失につながることなく、職員が活躍でき、人件費を本当にムダにしないために、これからの自治体職員のあり方、〈やる気〉向上のための方策等について考えてみたい。

2　自治体行政のムダ

　自治体行政には多くのムダが存在することは事実であろう。それは行政特有の壁、つまり、：無競争、無誤謬の壁、：公平・公正の壁、：法令、予算等の制度上の壁、：国・都道府県等、縦割りの壁、：異動、正規・非正規職員等の人事上の壁によることが多い。ごく大雑把に人件費問題を中心に要約すると、①法制度上のムダ、②制度運用のムダ、③人の意識上のムダがある。

　この三つを少し検討してみると、①法制度上のムダは、国の法律によるムダで、地方分権が進んだとはいえ、法律が一律、詳細に規定しすぎ、それぞれの地域の実情に配慮し、地域の特色を生かして、独自に工夫できる余地を十分残しているかの問題である。一方の自治体側では、地方分権を活用して独自政策を工夫して条例制定しているか、安易に他自治体との横並びにするのでなく、より積極的な地域性を活かしたまちづくりを意識しているかの問題である。

　②制度運用のムダは、政策立案・施策選択・事業執行で国による統制はどの程度か、また、自治体独自の解釈による工夫でムダを排除し、効率的・

効果的な運用に努めているか。特に補助金における統制に自治体として工夫し、地域での運用のムダをなくすようにしているか。人事関係では、給与制度、ワタリ・特殊勤務手当・地域手当等の国の統制と縛りとの関係、その一方で自治体はその運用を適正に行っているか、「独自性の発揮」としつつムダを生じさせていないか、も検討すべきである。

③人の意識上のムダで、これは特に人件費のムダに潜む大きなムダにつながるものと考える。あまりにも強い公務員バッシング、職員数の極端な削減や給与の削減等は職員が委縮してしまい、〈やる気〉を喪失し、モチベーションは下がり、かえって人件費はムダになってしまう。また、首長や議員による圧迫、特に「政治－行政関係における三つの規範」、1）統制の規範、2）分離の規範、3）協働の規範は適正に機能しているか。この三つの規範の崩れによって、組織を変え、圧力等で職員の意識を変化させることにより、実態上のムダを生じさせることがよくある。（参照 「行政学　西尾　勝著」）

こういったことから、自治体におけるムダが生じることがある。このようなことを意識しながら、人件費のムダ、特に市町村における人件費のムダを中心に考えてみる。

　行政改革を行い、ムダを省き、健全な自治体運営を執行すべきことは言うまでもないが、何を改革すべきであるかは、十分に議会、市民とも議論し、決定していくべきである。『なし崩し的な人員削減や給与抑制、サービス打ち切りは、結局、改革の伴わない財政収支の改善のみに終わってしまい、「手術は成功したが、患者は死んだ」の類で「財政再建はなったが、福祉も自治も死んだ」という結末を迎える。』（「地方自治の選択高寄昇三著」1986 年、p165）こととなる。まさしく 1980 年代の改革はこの指摘のようであったのではないか。

そしてさらに 2000 年代に入ってからも一部政治家や市民による強い公務員バッシングの中で、同じような轍を踏んでいるように思えるのだが、

どうなのだろう。

3　改革が必要となる原因の始まり

　自治体における改革が必要となる原因は、都市への人口集中に始まる。都市への人口集中がその行政需要を高め、業務増加を促し、職員数を増加せざるを得ない状況にしていったのである。

　戦後の高度成長期に人口は都市へ集中した。大阪府の人口（国調）は、1960（S35）年には550万人であったが、1975（S50）年には828万人に、1.5倍にもなっている。

　しかし、大阪市近郊都市の寝屋川市では、1960（S35）年には5万人であったが、1975（S50）年には25万人と、15年間で何と5倍にもなっている。この凄まじい人口急増により、新たな行政需要、特に、1）幼稚園（保育所）、小学校、中学校等の教育施設、2）道路、下水道施設等の都市基盤整備、3）し尿、ごみの収集処理等の生活基盤整備、4）人口集中に伴い生じてきた公害等の生活環境整備、5）市民会館、図書館、文化ホール、コミュニティセンター等の文化施設整備、6）新旧住民の混在に伴うあつれき等の解消のための自治会の再編整備等々や住民からの様々な要望で高度で広範な行政対応に、それも速さと大きさと重大さを伴った新たな公共施策の対応に追いまくられることとなった。

　これらへの対応は、それまでの手法や職員では対応困難なことも、つまり、土木・建築技術、財政手法、法制度、企画政策の熟知とその活用が求められることになる。これらのことが、より職員数の増員をせざるをえなくなるとともに、特にそれまであまり採用してこなかった大学卒業者の採用も多くならざるをえなくなったのである。

　この時の特に団塊世代の大量採用が、後にその世代の高齢化に伴う給与

の増高と退職金の人件費圧迫に拍車をかけるとともに、その後の大量退職に伴うその世代が培ってきた高度成長期以降の様々な行政需要への対応のノウハウ・技術の喪失につながっていくこととなる。

　人口の急激な増加により行政が行う公共サービスの幅、厚さや量が拡大したことに伴い、寝屋川市では1970年代前半で人口20万人、後半で25万人とほぼピークに達し、職員数は1978（S53）年に2521人、ラスパイレス指数は1974（S 49）年に137.5でピークになっている。
　つまり新たな行政需要が増え、財政的にも圧迫されるが、職員数も増やさざるを得なくなったのである。寝屋川市の職員数の推移をみると、下表のように1970年代に急激に増え、80年代はそれを維持し続けていることがわかる。

図表1　寝屋川市の職員数の推移

年	国調人口（人）	職員数（人）
1960（S35）	45,633	202
1965（S40）	113,576	550
1970（S45）	206,961	1,401
1975（S50）	254,311	2,481
1980（S55）	255,859	2,485
1985（S60）	258,228	2,462
1990（H2）	256,524	2,392
1995（H7）	258,443	2,473
2000（H12）	250,806	2,229
2005（H17）	241,816	1,844
2010（H22）	238,204	1,415

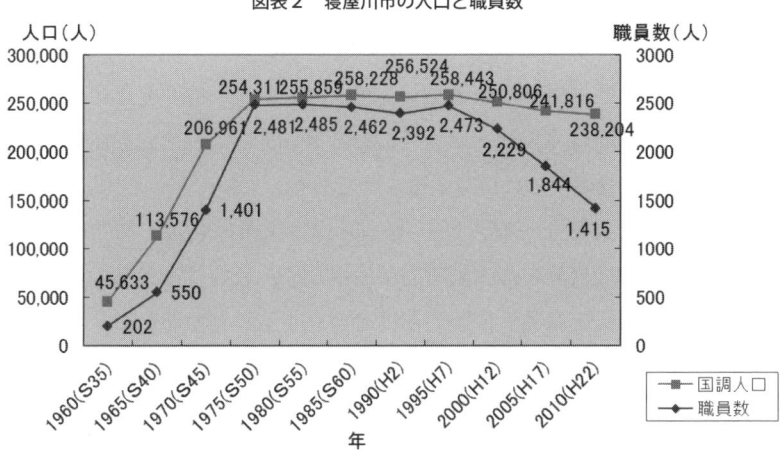

図表2　寝屋川市の人口と職員数

人口急増と新たな行政需要に必死で応えるため、職員数を増やし、叱咤激励し、行政サービスの提供を広げ、対応してきたことで、今の行政水準に達したのである。しかし、高度成長がストップし、低成長時代に入るとこれまで増え続け、さらに求められる新たな様々な公共サービスをすべて行政が行うことに無理が生じ始め、一層の行政改革、事務事業の見直しが求められていく。その時に、公共の役割、つまり、住民の生命と日々の暮らし、生活を守り、豊かな生活を育める住民福祉の向上に結びつく政策とその執行をしっかりとふまえたうえで、かつ、行政組織・職員が抱える問題の発生原因を究明して行政改革が的確に行われたかどうかを検証していかなければ、真に人件費のムダを検証することにはならない。

4　行政改革と寝屋川市の方針

　行政改革とは何なのか、その基本原則を確認し、国による行政改革、自治体への「定員適正化計画」の策定の指示と、これらをもとに寝屋川市で

はどのように行財政改革を行っていったのかについてみてみる。

　行政の改革とは、様々な障害を乗り越えて、時代環境の変化に対応しつつ行政の組織と職員の行動メカニズムを変革し、行政の活動を変革し、地域公共の目標達成のために寄与することである。公共のあり方は、「最小の経費で最大の効果を上げるよう」(地方自治法第2条第14項)に行政組織や地域に投入された資源を最大限有効に活用して、公共サービスの質を向上させ、地域の価値を高め、住民の福祉を増進することである。そのプロセスで、行政組織内外を通じた情報の質的改善と共有の拡充を図り、住民と一体になって政策形成と執行の質的改善（体質改善）に取り組む仕組みを形成することである。（参照 「自律自治体の形成　西寺雅也著」）
　その改革プログラムのグレードは、1) コスト削減　2) 機構改革　3) プロセス改革　4) 組織文化の変革といわれる。1) コスト削減は、財政危機の中で、まず一番に取り組まれる改革で、増分主義などの拡大期に肥大化した事業・人員・組織のスリム化である。その手法は、一つはトップダウン型、切込み型改革がある。二つ目はシーリング方式で、一律〇％カットがあり、これは短期間で一定の形式的な成果は生み出しうるものの、長期的視野での組織体質強化やモチベーションの向上にまでには至らない。
　次に、2) 機構改革は組織を分解し、組織内を交換・変更することで、組織としてより高度な目標を達成することをめざす取り組みで、組織の縦割りや多層性を排除するために統合等を行うもので、係制を廃止する等行われてはいるが、これだけでは一時的に気分は一新されるものの改革は十分機能しないことが多く、組織や職員の行動様式の質の改善にはなりにくい。
　その次の3) プロセス改革は組織をいかに機能させるか、組織の行動メカニズムを見直すもので、「意思決定プロセス」・「評価システム」等を変え、機動性、質、信頼性を高めようとする変革で、P・D・C・Aサイクルを意識し、行政の質を視野に入れた「行政改善」といえる。

最後に 4）組織文化の変革は組織自体に同化し、かつ継続的な自己変革を遂げるまでに体質を変えようとするもので、職員が共通の目的をもち、大きなモチベーションとして共有、かつ、相互信頼を強くするようにするもので、長期的視野での組織体質の強化が可能であるが、スピード感には欠けるきらいがある。しかし、ここまでを視野に入れた改革でなければ、行政の改革にはならない。
　コストカットは本質的な行政の改革ではなく、改革の第一段階である。第四段階に向かって改革を展開しない限り、本質的な改革にはならない。現実的には第一段階から始めるとしても第四段階へ進める展望を持って進めなければ真にムダを克服できない。真の改革とは、職員の心が変わることである。（参照　「公共経営論　宮脇　淳著」）

　人事制度に関わる改革は、人的資源である職員とのパートナーシップにより進め、職員のモチベーションを低下させることなく信頼性を持った取り組みとして職員にも受け入れられるようにしなければならない。根源的な公共のあり方を問いながら、新たな組織文化、職員意識を形成できるように展開し、市民満足（ＣＳ）と職員満足（ＥＳ）の双方の向上をめざさない限り、真の改革とは言えない。
　成長期における行政運営から成熟期における行政運営へと大きくコペルニクス的転換が必要であり、自律した、持続可能な自治体への展望とその手法を描き、真の行政の改革をする覚悟を持つべき時である。

　寝屋川市は、1985年に「行財政自主改革推進方針」を策定するが、その主な項目は、：職員給与の見直し　：職員配置の見直し　：事務事業の縮小、廃止、統合　：事務事業の委託化等で、中でも人件費の見直しでは給与水準見直しのための是正措置や各種手当の見直しが、また、職員配置の見直しでは新規の採用の停止や職種変更により職員不補充をあげるなど、人件費が最重要課題となっている。

寝屋川市ではその前年の1984年から1988年にかけて、5年連続で赤字日本一になり、「財政健全化基本方針」を策定し、健全化への努力は始めた。しかし、全国的にもそうだが、この時期（1986～1991年にかけて）はバブル景気の時期でもあり、事務事業の簡素・合理化を強く進めたともいえない。その証拠に職員数は、84年－2,506人　85年－2,462人　86年－2,423人　87年－2,394人　88年－2,376人と赤字日本一でありながらこの5年間に130人しか削減していず、1993年には2,506人になり、84年と同数まで戻している。このあたりでもう少し頑張っておけば、後年の人件費の増大に歯止めをかけられたのではとも思われる。

　1994年、自治省（当時）の「地方行革指針」により、行革大綱の策定・改定を進め、寝屋川市においても市長公室に行政改革推進室が設置され、「行財政改革基本方針」が策定されている。それまでの財政主導の財政健全化への取り組みから本格的に「行政改革」に取り組むこととなったといえる。さらに1997年には、「行財政見直し計画」を策定し、経常収支比率の95％程度への改善や職員総数の5％削減の目標を掲げ、その実施に取り組んだ。ただ、ここでも財政収支の改善をするための、職員数の削減が中心になっている。

　寝屋川市では、どうも財政主導型の、財政健全化に向けた「削減」を主眼とした改革に重きを置いていたようである。行政改革は何を目標に、どのように進めていくかは、その成果につながる。財政はそもそも行政の一分野に過ぎないのであるが、1955年から4年間の財政再建団体の指定、1986年から5年間の赤字日本一を経験し、財政再建に重きを置いた改革にシフトしてしまったようである。しかし、本来の行政改革は、赤字をなくす、財政のつじつまを合わせる単なる「量的」な改革ではない。行政のあり方、行政の進め方そのものを変えていくことで、行政を「質的」に変革することであり、組織文化そのものを変革し、それを組織自体に同化させるまで、継続的に自己変革を遂げるまで行い、組織体質を変えなければ

ならない。そのことによって職員は共通の目的を持ち、モチベーションを強く共有し、職員相互信頼の中で〈やる気〉を持って職務にあたり成果を上げていくこととなるのである。
(参照　寝屋川市の情報については、寝屋川市ホームページ等より。以下同じ)

5　2000年からの寝屋川市の行政改革

　寝屋川市では1999年に市長が変わり、大胆な改革が進められ、大きな変化が生じている。
　2000年5月に「行財政改革大綱」が策定され、その基本認識として、行政システムを改善し、硬直化した財政構造の改善を図らなければならないとし、そのために「簡素で効率的な行財政システムの構築」と「市民と行政の関係の改革」を定めている。その「簡素で効率的な行財政システムの構築」のための具体的な考え方で、：組織機構の見直し、：職員の定員管理、：人事給与制度、：職員の意識改革と能力の向上、：事務事業の見直し等をあげている。
　この「行財政改革大綱」に呼応して、2000年8月に「第1期 定員適正化計画」を策定し、2000年4月1日現在2,229人の職員数を2005年度当初には2,050人以内とすることを目標にした。しかし、この目標は2年前倒しで達成し、第2期－2003年、第3期－2005年、第4期－2009年と常に前倒しして、それぞれ目標を達成している。
　第1期行財政改革実施計画の結果の財政効果額は、2000年から2003年までの4年間で、：人的効果　1,898,810千円　：節減（事務事業の見直し）1,279,890千円　：歳入増　619,675千円で、合計3,789,357千円をあげ、その二分の一が人的効果である。人的効果の主な取り組み内容をみると、勤務状況調査の充実（人事評価制度の実施）、高齢職員の昇給制度の見直

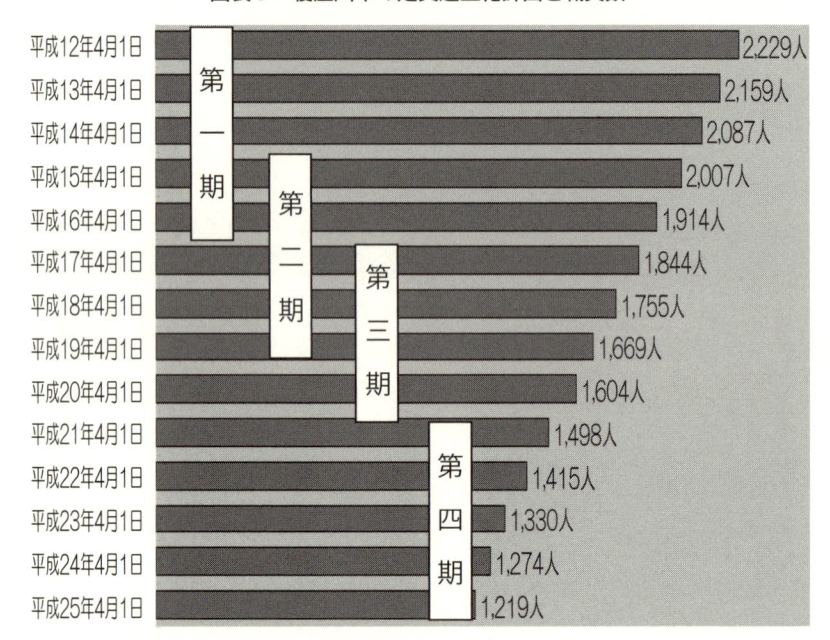

図表3　寝屋川市の定員適正化計画と職員数

日付	職員数	期
平成12年4月1日	2,229人	第一期
平成13年4月1日	2,159人	第一期
平成14年4月1日	2,087人	第一期
平成15年4月1日	2,007人	第二期
平成16年4月1日	1,914人	第二期
平成17年4月1日	1,844人	第二期
平成18年4月1日	1,755人	第三期
平成19年4月1日	1,669人	第三期
平成20年4月1日	1,604人	第三期
平成21年4月1日	1,498人	第四期
平成22年4月1日	1,415人	第四期
平成23年4月1日	1,330人	第四期
平成24年4月1日	1,274人	第四期
平成25年4月1日	1,219人	第四期

※　グラフ中の第1期～第4期の表記は定員適正化計画期間を示しています。
※　第4期定員適正化計画の計画期間は、平成21年度～平成25年度。

し、時間外勤務手当の抑制、給与水準の適正化である。

　第2期実施計画（2004～2006年）の3年間では、：人的効果 2,022,737千円　：節減（事務事業の見直し）　807,287千円　：歳入増 877,920千円で、合計3,707,944千円で、節減は三分の二になり、人的効果が半分以上を占めることとなる。

　第3期実施計画（2007～2009年）の3年間では、：人的効果 3,264,594千円　：節減（事務事業の見直し）　590,258千円　：歳入増 579,733千円で、合計4,434,585千円で、人的効果が四分の三にまで膨らんでいる。

　効果総額は11,931,886千円で、内7,186,141千円が人的効果で、60％

という大きな効果を上げている。行政改革の60％を人的効果であげている。果たしてこれをどうみるか。

　先にも述べたように、行政改革プログラムのグレードは、1）コスト削減　2）機構改革　3）プロセス改革　4）組織文化の変革であり、その1）や2）の改革から3），4）の改革へと進めないと本当の"行政の改革"とはならないと思われる。人件費の削減が大半を占めている状況では、改革の道半ばであり、基本的な組織文化の改革へと踏み込む必要があると思われるが、そのような展望を意識しての改革なのか、もう少し詳しく職員数の削減について探ってみることにする。

6　寝屋川市の職員数の削減

　寝屋川市第5期定員適正化計画（2013年策定）によると、2000年からの12年間の定員適正化の推進により、**図表4**のように、職員数は2000年4月1日の2,229人から2013年4月1日の1,219人へと1,010人を削減している。先にも記述したが、最大2,521人（1978年）と比較すると半分以下になっている。

図表4　定員適正化の推進　（2000年から2013年）

	H12.4.1	H25.4.1	削減数（率）
正規職員数	2,229人	1,219人	△1,010人（△45.3%）

※ H25.4.1の正規職員数は、見込み

　全国の自治体と寝屋川市の公務員数の削減状況を比較してみると**図表5**のようになる。

　御覧のように全国市町村職員数と比較してもすごい削減を断行してきた。行財政改革で削減を宣言しながらこれまでできなかった職員数問題を大きく改革をした。従前は募集人員は若干名でありながら100名近い採用をし

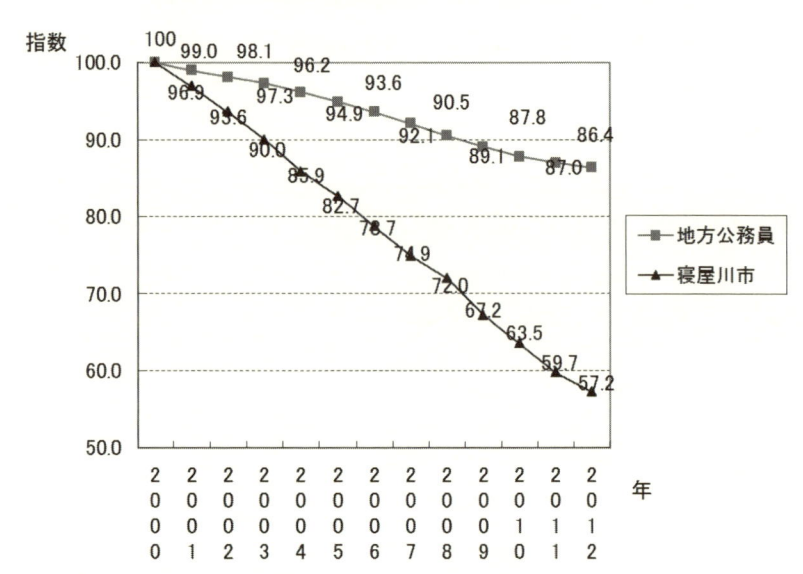

図表5　公務員の削減状況　（2000年から2012年）

た頃があったようだが、2000年からは採用数をしっかり明記し、そのとおり採用をしている。これは古くからの悪しき慣例を壊してのすばらしい英断と断行ではあった。

　この職員数の削減により、2000年の人件費　226億6700万円を2013年には114億1600万円とほぼ半額にまで削減している。すごい人員削減であり、人件費削減である。最高時2,521人の職員数を赤字日本一の時代にも、2000年の市長交代までは常に改革の俎上に挙げられながら実現できなかった職員数の削減を実行された市長の実行力は素晴らしいと評価するものである。ただ、このような大きな削減となると、人事政策上何らかの影響がおきていないか、おきることはないのかを考えてみたくなる。

7　寝屋川市における更なる職員数の削減計画

　寝屋川市では2013年から新たな定員適正化計画を策定し、2013年1,219人まで減らした職員数をさらに2016年には1,100人以内にする計画を発表した。何をどのように行い、行政は何を行い、職員には何を求めるのだろうか。

　○寝屋川市第5期定員適正化計画（平成25年度～平成27年度）は、新しい人材と経験豊富な人材を活用した少数精鋭組織の構築をめざして始められた。
　そこでは、『少数精鋭組織を構築すべく、これまでの適正化計画で掲げた「組織力の強化」、「組織の柔軟性」を継承し、効率的な職員体制を整備するとともに、様々な行政需要への対応と市民サービスの維持・向上を基本としつつ、これまで培ってきたノウハウの継承と職員の年齢構成を念頭に置いた適正化を進める』としている。
　最高時2,521人（1978年）いた職員を2013年に1,219人にまでにし、2016年には1,100人以内にしようとするものである。
　複雑多様で高度な対応を求められている現在の行政を執行していくために、「持続可能な少数精鋭組織の構築」により乗り越えていくための手法として、一つは、この計画期間中の3年間の職員採用を60名とし、様々な分野での専門的な素養がある行政職員を採用できるよう、チャレンジ枠の活用による人材確保をしていくこととしている。また、単純労務職の補充のための採用は行わないとし、単純労務職員の減員を徹底しようとしている。
　二つ目に、計画期間中に150人程度になる再任用職員の活用により行政

の継続性、安定性を確保するために知識・経験の継承をして、少数精鋭組織の構築に繋げていきたいとしている。

　三つ目に、資格・経験が必要な配置には多様な雇用、つまり任期付職員や非常勤職員の活用を図るとしている。

　四つ目には、職名による縦割り意識を廃止、職員としての意識向上を図るため、柔軟な職員配置を進める、例えば、単純労務職の職務変更を進めるとしている。

　この4つの方策では、正規職員は3年間で60名とチャレンジ枠の活用の採用を前提としながら、単純労務職員の減員とそのための職務変更、再任用職員の活用による少数精鋭組織の構築、資格・経験が必要な職務には任期付職員・非常勤職員の活用をあげているが、正規職員については五つ目のその他の項目にある「人事評価制度をはじめとする人事制度を総合的・一体的に活用し、職員の資質向上、組織力の向上につなげます。」にとどまっている。果たしてこの方策で、複雑多様で高度な対応を求められている現在の行政の中心となるべき正規職員が〈やる気〉を出し、真剣に取り組む条件が整い、「職員の資質向上、組織力の向上」につながるのだろうか。削減による効果と少数精鋭主義の正規職員の〈やる気〉とを天秤にかければどうなるのだろうか。

　この計画を進めるため、「6　終わりに」では、『今後も多様な市民サービス等に対応しながら、「スリムな市役所で最大の市民サービス」を目指すためにもこれまでの「人財」を重視し、新たな人材にその知識・経験の継承を行い、「組織力の強化」を図ることにより持続可能な少数精鋭組織の確立』を推進するとしているのだが…。

　「スリムな市役所」とは、職員数が少ないことなのだろうか？単純労務職員を減員し、再任用職員や任期付職員・非常勤職員を活用することなのだろうか？そうではなく、仕事の中身、進め方等を根本的に見直し、行政がやること、民間に委ねること、市民との協働で行うことをしっかり区分し、

その上でさらに行政が直接行うことについてはその処理システムを見直しながら、公共の役割を真摯に遂行することではないだろうか。公共サービスの役割が複雑多様化し、正規職員の果たすべき役割が、高度化・多様化し、市民との関係も充実していかなければならない今こそ、ヒューマンサービスを提供する、充実した人員配置が必要ではないのだろうか。このことを考えた人事制度を構築しない限り、職員数の削減は、かえって人件費のムダになりはしないか、危惧せざるを得ない。

「最大の市民サービス」の提供のために行政は何を行うのか、職員に何を求めるのかを明確にする必要がある。そのため、正規職員が行わなければならない事務は何なのかを明確にする行政事務の性質区分が必要である。その上で、行政の本質的事務、つまり、1）公権力行使に関する事務、2）政策形成・企画調整に関する事務、3）意思決定に関する事務は、公務員の身分を持った正規職員を中心として、再任用職員、任期付職員が従事することを基本とする。そして、上記の3つの行政の本質的事務以外の事務については、公務員の身分を持たないアルバイト等や民間活力導入も視野に入れた手法を活用することである。

これらの執行方法については、その区分を職員にも周知徹底し、それぞれの特性を活かして、それぞれ能力を発揮し、事務事業の効率的効果的な執行に資する基盤を確立することにより、ムダのない「最大の市民サービス」が提供できることとなる。

少数精鋭主義というが、少数になれば自然と精鋭になることはない。組織の原理（働きアリの集団）でよく言われる「2：6：2」で、働きの悪い「2」を駆逐したとしても残った「8」ではまた「2：6：2」になってしまうだとか。しかし、公務員の場合、働きの悪い「2」を強制的に駆逐することはできない。人の組織、特に自治体職員の場合は、知識・技能の伝達、組織文化や体質の変革、リーダーシップの変革で全体のレベルを上げることこそ必要だと考えるが、いかがであろうか…。

8　公務員数の削減と事務の民営化・外部化が自治体に及ぼした影響

　公務員の削減、事務の民営化・外部化が行われる要因は、1）1980年代の地方財政の悪化と硬直化、2）行財政改革に伴う正規職員の削減（背景には公務員バッシングも）、3）1980年代以降の主要先進国の行政改革に大きく影響を与えたＮＰＭ（ニューパブリックマネジメント）理論による「小さな政府」、「官から民へ」の政策推進、4）1990年代以降の行政需要の広がり、高度化である。これらの影響を受けて、公共政策とは何か、行政が提供すべき公共サービスとは何かに揺らぎが生じ始め、社会経済状況の変化に対応した行政執行を様々な主体、手法により提供していかなければならないと言われ始めた。そのために行政評価等の手法を用い、行政内部の政策・施策・事務事業を徹底的に洗い直し、民営化すべき事業、外部化すべき事業を明確にし、行政内部で行う事業においても行政事務の性質に基づき、公務員が直接執行すべき事務とその他の方法により執行すべき事務等に区分して、行政が果たすべき役割をしっかりと果たせる体制を築くことが提言された。

　これらを実行するにあたって、事務事業の見直し（廃止等を含む）やＯＡ化、民間活力の活用として、一部業務の委託や市民会館等の公共施設管理運営の指定管理者制度の導入、さらには保育所、幼稚園の民営化、人事給与制度の見直しがなされることとなったのである。

　全国の地方公共団体の総職員数は、1994年をピークに1995年から2013年まで17年連続で減少している。

　この職員数の減少を補ってきたのが、事務の民営化と外部化であり、合

わせて臨時・非常勤職員の増加である。「いまや、地方自治体で働く職員のうち、三人に一人は非正規公務員で、その数は推定七〇万人に及ぶ」(「非正規公務員という問題」上林陽治著)のである。さらに、非正規率が5割以上の自治体が17団体にも及び、埼玉県寄居町−66％、長野県小布施町−63％では三分の二が非正規公務員で運営されている(上林同書より)。これだけ多くの非正規公務員で運営されていることは、公務とは何か、公共の役割は何かを改めて考えなければならないようである。

2013年4月1日施行の改正労働契約法では、・有期労働者の無期への転換(第18条)、・合理的理由がない場合の雇い止めの規制(第19条)がされ、民間の労働法制の流れからみれば自治体は逆行しているように見受けられる。また、パートタイム労働法(短時間労働者の雇用管理の改善等に関する法律)は、自治体労働者は適用除外されているが、臨時・非常勤職員の任用にあたっては、これらの民間の法制を十分視野に入れてその労働条件等を適用していくべきである。このような状況の中で、任用回数や任用期間について上限を設ける自治体も出てきている。

なお、寝屋川市では非常勤・アルバイト職員数は、397人で、正規職員1,219人と再任用・任期付短時間勤務職員数が313人であるので、20.6％であり、五人に一人である。ただ、再任用等職員が16.2％を占めているが…。(正規職員は63.2％)(2013年4月1日現在)

自治体の経営原則は何なのだろうか、原則論へ戻って考えてみることにする。

高寄先生は本書(Ⅰ—第2表)で、自治体財政収支への対応策を減量経営・施策経営・政策経営の3段階の対応策があるとして、減量経営は、給与の一律削減があり、第二段階の施策経営では事務事業の外部委託、非正規職員の導入などで、人件費総額を減少させようとし、第三段階の政策経営で能力・責任に対応した給与体系の形態・運用へと進展(レベルアップ)すべきであり、そのための自治体改革をしなければならないと指摘されている。

課題は、第一段階では、給与を一律に削減するのでなく、年齢や職種によって削減に幅を持たせる工夫やさらには、管理職と一般職によって削減幅を持たせることも必要である。第二段階では、外部委託等ではしっかりと業務を仕分けして、行政が行うのではなく民営化して行うのか、行政が行うとしてもその業務の全部または一部を民間委託するのか、そして公権力の行使等の直接行わなければならない業務を明確にして対応すべきである。ただ、外部化できるものでも、例えばごみ収集等では、そのすべてを民間委託することには十分留意しなければならない業務もあることを忘れてはならない。第三段階では今運用されていない職階制（地方公務員法第23条）についても検討しながら、同一価値労働同一賃金について検討し、給与体系の形態・運用そのものを変革する必要があるのかもしれない。その際には現在多くの自治体で採用されている人事評価制度についても充実させていく必要がある。

9　非正規職員の増加の問題状況と改革視点

　非正規職員は増加しており、そのことが職場に様々な問題をひきおこしているのだが、その解決のための様々な試みと実践がなされている。大いに参考にして、今自治体で起きている問題の解決へと取り組んでいくべきであろう。

　非正規職員の増加は、様々な問題を提起している。非正規職員の処遇が正規職員と比べあまりにも悪いことである。正規職員はフルタイム勤務で、年功的に定期昇給があり、昇格もあり、諸手当、ボーナス、退職金も支給され、基本的に終身雇用である。対して、非正規職員は、任期付職員で3～5年、非常勤職員で通常1年、臨時職員は半年で、更新は1回までで1年である。

ただ、期間終了後に再度の任用は否定されておらず、長期間の継続任用のことが多いのが実態である。非常に不安定な就労である。

　仕事の中身、量等はほとんど変わらないことが多く、正規職員が担っている仕事をそのまま非正規職員が受け継ぐということや、例えば保育所ではクラス担当を持つベテラン臨時職員や非常勤保育士が多い。にもかかわらず、正規職員との年収格差は、市町村の一般非常勤職員（地方公務員法第17条）の場合、28％で、正規職員のほぼ四分の一という大きな差である。（参照　自治総研　2013年10月号「非正規公務員と間接差別　上林陽治著」）給与の格差は、ワーキングプア等貧困問題を引き起こしており、これは社会問題としてもきちんと認識し、解決を模索していかなければならない状況にある。（参照「非正規公務員という問題」上林陽治著）

　職場の実態として、正規職員と非正規職員との間に差があることで、両者間での悪口のささやき、あら探し、にらみ合い等、足の引っ張り合い等も増えている。多くの自治体で、市民課等の窓口職場では半数以上を非正規職員が占め、3年以上の勤務実態があり、3年程度で異動する正規職員が非常勤職員に仕事の教えを受けることとなり、正規・非正規間でぎくしゃくすることが多くなっているようである。正規職員は「他に仕事もあるのに、それは正規職員の仕事でしょ」と言われたりして、正規職員のモチベーションは下がってしまっているようである。

　そんな状況になるとどうしても両者間の風通しが悪くなるし、閉鎖性、秘密主義が横行し、誰がイニシアティブをとるかのにらみ合いも出てくる。仕事の改善の提案もなく、「まっ、いいか」「どうせ言っても仕方ない」「言えば仕事が増える」と、少しの改善で効率も効果もあがるのに、「まっ、いいか」現象が起こってしまう。さらに現場や地域の現状を見る努力を失くし、今おきている現場事態を把握する力、次に展開すべき方向性（創造性）を見失ってしまうこととなる。正規職員は、今おきている事態を率先して見い出し、解決しようとする積極的な態度を積み重ねることで、公共や公務員

の信頼性を高めていかなければならないのであるが、そのことを欠いてしまうことによって、非正規職員からも、市民からも信頼を落とし、問題を大きくし、非効率で効果の上がらない状況を自ら作ってしまっているようである。

では、様々な状況の中で、比率は別として非正規職員が必要であることを容認するとして、正規・非正規職員のあつれきを少しでも解消するための改革方法はないのかについて、次に考えてみたい。

東京都荒川区の取り組みでは、正規・非正規職員の能力を最大限に引き出すため、西川太一郎区長は、「自分は非正規だと思えば、本気でいい知恵など出さないし責任も取らないでしょう。そして次に正規職員のあら探しを始める。そうして組織風土が生産性を生むことはありません」（「非正規公務員という問題」上林陽治著）と言い放つ。非正規職員をも重要な行政運営の戦力と考え、その活用策として、その処遇を職責に応じて多層化（三職層）に、つまり1)「一般非常勤」…常勤、2)「主任非常勤」…専門分野の企画立案業務を担う、3)「総括非常勤」…当該分野の非常勤職員のとりまとめも担う係長級、を新たに設け、実質上昇進の機会を与え、適切な評価・選考をして、職員の活用を図ろうとしている。まさしく非正規公務員を戦力と捉え、処遇と役割のバランスを取りながら基幹化しているのである。

なかなか面白い取り組みで、今後ともその動向を注視していくべきであろう。（参照 「非正規公務員という問題」上林陽治著）

韓国での非正規職員の正規職員化の取り組みでは、1997年の経済危機以降、労働市場の柔軟化政策の実施により、非正規労働者の増加と差別的労働条件が社会問題化し、非正規職員の縮小と正規・非正規間の労働条件の格差改善に向けた取り組みが行われてきた。2007年に「期間制及び短時間労働者保護等に関する法律」が施行され、1) 2年を超える契約労働者は、期限の定めの無い無期雇用契約に転換し、直接雇用することを経営

者側に義務付ける、2）賃金や労働条件などにおける不合理な差別の禁止、3）差別を受けた非正規労働者は、労働委員会に対して是正命令を求めることができる、などの内容になっている（「公益財団法人　国際労働財団」メールマガジンNo. 179より）。

　その正規職化の事例としては、都市銀行などの金融機関では、1）転換試験による正規職化、2）既存の正規職級の下に新たな職級の設置による正規職化、3）特定職群（例えば、専担職）の設置による正規職化、4）契約期間の定めのない無期契約職化を行っている。この4つの方式のうち、4）契約期間の定めのない無期契約職化が66.8％で最も多く、次に3）特定職群の設置による正規職化が33.2％であるようだ。正規職化の正確な統計はないようだが、非正規職の一定規模を正規職化したようである。

　ただ、問題としては、非正規職の正規職化の1）質、と2）中味であるようだ。そこには、報酬や昇進機会などでの差別が前提としてあるような完全な正規職化とは言い難い正規職化や雇用保障も完全ではない等が明らかになっているようである。さらに、「昇進制度がなく単純業務に限定した正規職化は、労働者のキャリア発達の機会を奪い労働意欲の喪失をもたらす。」「特定職群や無期契約職への転換者の大部分が女性であることから、男女の職務格差・賃金格差を固定化する恐れもある。」（「韓国における非正規職の正規職化」李旼珍著　Business Labor Trend 2012.3所収）との指摘もあり、また、非正規労働者の割合はピーク時には55.8％（2007年3月）であったのがその後減少し、47.8％（2012年8月）（「公益財団法人　国際労働財団」メールマガジンNo. 179より）と未だ高い水準にあり、問題も多いようだが、非正規職の正規化への取り組みを積極的に行っている姿勢は日本においても多いに学び、取り組んでいかなければならない。

　韓国ソウル市の朴元淳市長は、2012年4月30日、公共部門の非正規職員の内、1,133人を正規職員に転換したことを明らかにした。3月22日に公共部門非正規職員の正規職転換計画を発表した後、常時・持続業務従事

者の正規職へのスピード実施といえる。(ハンギョレ　ニュース　2012年5月1日より)。

　またソウル市では、民間の外注業者と雇用契約をし、ソウル地下鉄で働いている清掃労働者3,116人を2013年6月からソウル市が直接雇用し、正規職員化するとしている。さらに、その他ソウル市庁舎等で働いている清掃労働者1,056人と施設管理・警備・駐車業務労働者、115人は2013年から市が準公務員(非正規職)として直接雇用し、5年以内に正規職に転換する、としている。

　ソウル市はこれらの労働者の直接雇用で人件費は16％増えるが、外注業者に支払う利潤と管理費などの経費が39％ほど減少するので、逆に53億ウォンの予算節減効果があるとしている。

　朴元淳ソウル市長は、「労働に"差がなければ差別もあってはならない"という極めて常識的な考えが非正規職の正規職転換基準だ」と述べ、「非正規職問題は単に労働問題だけでなく、韓国社会の統合と持続可能な未来発展のためにも必ず解決しなければならない必須課題。」(ハンギョレ　ニュース　2012年10月5日)と明らかにした。素晴らしい考えに基づく、学ぶべき取り組みである。

　日本では、非正規職員の賃金は単価が固定され、正規職員の三分の一程度であり、諸手当、ボーナス、退職金の支給がなく、通勤費すら支払われないこともあり、差は歴然としている。また、民間企業の有期雇用の非正規職員は事実上の継続雇用とみなされれば、正当な理由なく雇い止めされることはないが、公務員の場合はパートタイム労働法や労働契約法は適用されないので、実質的に長期継続任用であっても期限とともに任用終了になることもあり、非常に不安定である。

　このように格差の大きい正規・非正規職員の差別的待遇解消のため、同一価値労働同一賃金の考え方を導入し、官製ワーキングプアの解消を図ろうとする注目すべき研究がされた。

この同一価値労働同一賃金による格差是正研究での『「同一価値労働同一賃金」の考え方は、抽象的に言えば、職務評価システムを、ジェンダーなどあらゆるバイアスや差別がないようにシステム設計し、実施する』（「同一価値労働同一賃金をめざす職務評価　遠藤公嗣編著」）ものである。

　自治体の非正規職員は、「正規職員の賃金に比べて低い」、それは「担当する仕事の中身に比べて低い」との感想であり、それでは「仕事の中身を考慮する」こと、つまり「職務評価」を行い、賃金を決めることができれば、解消されるのではないか、ということで研究されたのが職務評価システムである。

　「職務評価」とは、その職務がどの程度の「価値」を持つのかを「評価」し、その価値を点数で表示することによって「仕事の中身を考慮する」のである。この点数表示法を「得点要素法」といい、それは職務が遂行される「労働環境」や職務の遂行に求められる「負担」「責任」「知識・技能」など4つの大ファクターを設定し、それぞれのもとに合計10数個の小ファクターを設定し、さらに小ファクターそれぞれにその程度を示す複数の評価レベルを設定し、そこに点数を設定することで配点するものである。

　実際にA市で職務評価を実施した結果が、なかなか興味深いものがあり、同書に記載されているので参考にされればよいかと思う。まだまだ課題もあるようであるが、このような研究と実践されたことに敬意を表すとともに、今後さらに研究開発がなされ、実施されていくことを期待したい。

（参照「同一価値労働同一賃金をめざす職務評価　遠藤公嗣編著」）

10　人件費をムダにしないために　－これからの自治体職員

　そもそも自治体行政には様々な要因からムダが発生しがちであり、発生している問題は改革が必要であるが、行政改革という手法は的確に適用し

ていかないと本質的な問題解決からそれてしまう恐れがあるので注意しなければならない。行政の改革は、財政的なつじつま合わせであって良いはずはない。ぜい肉を落として筋肉まで切り落としては、今後ますます高度化、多様化、きめ細やかさが求められる公共の役割は果たせない。真の行政の改革を行うとともに、組織の体質改善と人の活用こそが今こそ求められているのである。

　ここまで人件費のムダを中心課題に据え、寝屋川市の職員数の削減を事例としてあげながら、全国的にも生じてきている非正規職員の増加の問題とその解決策を考えてきた。
　次に、職員数の削減、給与の減額により正規職員に及ぼしている悪影響を克服し、自治体職員に将来に向かっての明るい展望はあるのか、住民にとっても公共サービスの提供を今の自治体に安心して任せることができるのか、職員数の削減や給与の減額では得られない、人件費を本当にムダにしないために、これからの自治体職員のあり方について考えてみることとする。

　これからの自治体政策は、住民の生命と日々の暮らし、生活を守り、豊かな生活を育める住民福祉の向上に結びつく政策とその執行である。これまでの公共事業、特に道路、上下水道、教育施設、福祉施設建設等のハード整備事業（もちろん更新事業は必要だが…。）ではなく、これからは子育て、高齢福祉、格差や貧困の抑制や地域コミュニティ等々のソフト事業であり、そのためには人的資源を育て、有意の職員を投入しなければならない。ハード整備事業では民間委託等で十分賄える部分も多いが、人的資源の投入でも、民間の知恵や力（これはあくまでも「従」であることを認識して）を活用しながら、かつアウトソーシングした事業の評価、フォロー、モニタリングをしっかり行わなければ、「安かろう、悪かろう、終いには丸投げ」になってしまうことも懸念される。最終的には自治体職員が責任を持って、的

確に対応すべき重要性が増してくる。

　これらのことを踏まえれば、しっかり職員を育成し、施策の根幹部分は確実に自治体が責任を持って対応する覚悟が必要である。そのためにも、改めて自治体の役割、公共の果たすべき役割、範囲を明確に認識し、新たな公共政策の必要性を展望でき、地域政策を住民とともに確実に展開できる職員の育成が必要である。これからますます公共政策の本質を認識した公務員を育成し、配置する必要性が増してくる。職員を育てることなく、職員数を減らし続ければ、知識・技能は途絶え、職場は疲弊して、後年に高度成長期の大量採用で経験したことと反対のことを大きな禍根として抱えることとなる。

　これまでややもすると効率性だけを追い求めてきた感があるが、これからは効果性や将来展望性を十分意識した政策とその実施が必要である。十分に〈やる気〉を醸成しながら職員を活用することなしには、効率的・効果的に成果を生み出す地方自治は展開できない。そこには必ず洗練され、訓練された人材が必要である。イノベーション（創造的破壊）をおこす活動ができる（許される）組織風土があり、職員のモチベーションや組織活力が高まり、住民福祉の向上、住民サービスの向上につながるように人材育成をし、職員が日々〈やる気〉を持って働けるようにすることが真の人件費のムダからの脱却となるのではなかろうか。

　職員数の削減、給与の削減は、現実に正規職員にどのような影響を及ぼしているのであろうか。一つ目に数の減少では、1）忙しくて考えて仕事ができない。2）知識・技能の習得ができない。3）忙しい職員もおれば暇にしている職員もおり、イラついてしまう。4）課長は係長の、係長は一般職の仕事をせざるを得なくなり、的確に管理監督の仕事ができない。

　二つ目に金の減少は、1）給与は年を重ねる毎に減る一方で、若手は初任給から上がらないため、元気が失せていく。2）ついつい同期の民間に就職した人と比べ、ばからしく思えてくる。3）職員の生活悪化につながる、

一時的といえどもあまり続くと緊急避難措置といえなくなる。
　三つ目に非正規職員との関係は、1）非正規職員に仕事を教えてもらう関係にいらだちを覚える。2）互いにつまらないことで足の引っ張り合いになる。3）組織として一体的な仕事ができない。
　このような状況にあるが、これらのことは職員に、1）〈やる気〉の喪失・士気の低下。2）いい仕事をしようとする意欲の低下。3）優秀な人材が入ってこなくなる。4）良心的な職員ほど〈やる気〉を失くし、早期に退職していき、優秀な人材がいなくなる。5）10年後には組織・職員が疲弊してしまう。6）改善・改革まで手がまわらなくなる。…やり方を変えようとすると時間も手間もかかるので避けてしまう。7）地域へ出て、市民と対話しなくなる。8）新たな発想まで行かない。9）感性が磨かれない。10）賃金カットで生活が悪化している。と、このような問題が生じている。

　今こそ、あるべき地方自治のあり方、公共の役割を明確に再認識して、地域性を活かし、発想力を集約した形で政策・施策をつくり、行政事務の最適化を進め、効率的・効果的に、市民と協働して執行する覚悟が必要である。
　これから行政に求められることは、これまでの延長線上に進めていては、実現できないことが多くなる。1）ハード重視からからソフト重視への転換。2）柔軟な発想、より高度な発想で、知識、技能を十分発揮できる組織体制と職員の配置。3）きめ細やかな執行のための多様な人的配置。4）市民に寄り添う視点と姿勢を持った職員の配置。5）地域特性の創出のための現場力が発揮できる組織体制。6）効率性に加えて効果性をふまえての行政執行ができる体制。このようなことが必要となるであろう。
　職員数の削減、給与カット、非正規職員とのあつれき、厳しい管理等の下では創造性・バランス感覚・マネジメント能力等が委縮してしまい、新たな発想や〈やる気〉は生まれてこない。将来展望や全体像が描けないようでは変化の激しいこの時代に新たな展望は描けないし、新たな一歩は踏

み出せない。経費をかけないでより良い公共サービスを提供するためにも、感性が必要であり、〈やる気〉を持たなければ生産性（効果）は上がらない。新たな展開、効果を上げるためにも、感性も育て、〈やる気〉を醸成することは、人件費のムダを省くために今こそ必要なのだ。

　働きやすい、〈やる気〉が醸成される職場にするためには、1）職場の職員間で仕事についての話し合いを積極的に行う。2）正規・非正規職員間での仕事の分担・役割、進め方について理解し合う。3）必要な部署に必要な職員の配置をする。4）特定の業務には中途採用職員をも活用して職場の充実を図る。5）決裁・合議の合理化－決裁・合議を少なくする。…現場力を活かし、迅速、的確な判断をする。ただ、複雑、高度化する業務を少人数で決定することの困難性の克服が必要である。管理職の一般職仕事を減らすことも大切である。このような職場が必要であろう。

　次にそこに働く職員に求められることは、1）自分の仕事（公務）の意味を再確認し、働きがいのある仕事にしていく。原点に返って自分の仕事の意味を問い直し、何をなすべきかを改めて確認する。2）感性を磨き、〈いい仕事〉をする意欲を持ち、自発的にモチベーションを高めていく。「つまらない」「忙しい」と思いながら仕事をしていては〈いい仕事〉はできないし、〈やる気〉もわいてこない。日々「こなしている」仕事を気持ちを込めて〈いい仕事〉をするようにしていく。3）高度な専門知識・技能、能力を持つプロ職員になる。自分の能力を発掘し、エンパワメントしていく。そのために書に、人に、地域（市民）に、そして、仕事の実践で学ぶこと。4）「できない」を「できる」に思考回路を切り替える職員になる。行政の様々な壁を乗り越えて、新しい発想で「どうすればできるか」を考え、新たな展開をめざせる職員になる。5）市民との協働の仕組みをつくれる職員になる。市民との信頼関係の再構築のためにも地域に出て、市民と交わり、市民の理解・協力を得て、連携協力を図れる職員になる。このようなことが必要であろう。

人件費のムダは、職員の数の問題でもあるが、そのこと以上に職員の質の問題であり、次の政策展開をも見越した人的資源をしっかり確保し、育成していかなければ、かえって大きな人件費のムダを生じさせ、組織を疲弊させてしまう。一旦そのような状態になれば、回復するために数倍の力が必要となる。人材育成は今の問題でもあるが、将来の問題でもあるのだ。しっかりした将来展望を持ち、常に人材育成を考慮した人事政策を行うべきである。

　真の改革、人材育成によって、職員の心が変わることをめざすべきである。

　　＊参考文献「みんなが幸せになるための公務員の働き方」　嶋田暁文（学芸出版社）

Ⅲ 物的資源のムダと戦略的運用

——土地と基金の運用をめぐって

大阪市政調査会研究員 **西部 均**

はじめに

　公有資産と言われる自治体所有の土地や基金は、長年にわたり自治体職員の管理下で蓄えられてきた市民の貴重な財産である。これをいかにマネジメントするか考究する公有資産管理の問題は、最近まで行政学の議題になることも少なく、自治体の実務現場でもあまり問題にならなかった。ところが、最近、一見地味なこの公有資産管理の失敗のために、自治体が巨額債務を負うのではないかと危惧される事案が次々に発覚しマスメディアを賑わし、市民を驚きあきれさせている。

　本論では、公有資産管理の過程から、何をきっかけに巨大債務が生み出される危険があるのか検討したい。以下では、まず近年取り組みの進む公有資産管理改革の流れを大阪市の実例とともに概観し、次いで公有地管理で大阪市が陥った土地信託事業の難局と、基金運用で兵庫県朝来市が陥った仕組債運用の難局を検証する。

Ⅲ　物的資源のムダと戦略的運営──土地と基金の運用をめぐって

1　公有資産管理をめぐる動向

(1) 公有資産改革の流れ

　自治体の公有資産管理が行政改革や調査研究の対象として浮上したのは2000年代以降のことである。その背景には以下の時代的要請や法改正があった。
　①公共施設・公有地への関心。少子高齢化による公共施設の需給バランスの変化、市町村合併による庁舎の集約・余剰化、高度経済成長期に建設された公共施設の老朽化・耐震化・バリアフリー化などへの対応を迫られ、その管理のあり方が問われている。
　②土地開発公社の遊休不動産問題。高度経済成長に伴う地価高騰期に公共用地の先行取得を円滑に進める役割を果たした土地開発公社だが、バブル経済崩壊以後、地価が下落し、その存在意義を失った。さらには、利用価値のない土地を高額で取得し長年自治体の買い戻しに至らず「塩漬け」になっていることが2000年前後から問題視された。土地開発公社の経営健全化対策が進むなか、このような土地の有効活用が課題になっている。
　③国からの自治体行財政改革。2006年に行政改革推進法・公共サービス改革法が成立し、総務省通知で各自治体は3年以内に資産債務改革の指針策定を求められた。また2007年には財政健全化法が成立し、総合的・客観的な財政評価を求められ、財務諸表作成に際して資産台帳の整備が急がれた。
　④ペイオフ解禁による公金運用の活発化。2005年にペイオフ全面解禁となり、元本1000万円以上の預金保護措置が撤廃になった。地方自治法で自治体の基金・現金は確実かつ有利に運用しなければならないと規定され元本保証が求められる。高額預金は保護のない不確実な運用となったため、元本

保証のある有価証券（国債・地方債・政府保証債など）が安全で高利率の運用として脚光を浴び、活発に取引されるようになった。

以上の要請から、公有資産の最適活用ができるように、公有資産の全庁的マネジメントが求められるようになった。公共施設・公有地などの固定資産に関しては、従来担当部局がそれぞれ個別資産ごとに管理処分を判断していたが、その全容を把握し総合的に活用判断するため、まず自治体の資産台帳となるデータベースを作る。それぞれの資産を必要性・物理的性能・経済的価値など共通の基準から評価して、維持・修理・改築・売却・貸付・信託・ＰＦＩなど、最小の負担で最大の効果を上げる利活用手段を決定する。

流動資産である公金に関しても、金融知識の不足する少数の会計担当職員がその運用に当たる自治体が多いが、公金運用も全庁的政策課題と捉えて基金運用規程を定め、一般会計・公営企業会計・土地開発公社会計などを一体的に資金調達・運用（グループファイナンス）を図る必要がある。原資が税であるため慎重かつ確実な運用が求められる一方で有利な運用をしなければ地方自治法に違反する。災害など突然の資金調達のために取り崩される基金の運用には一定の流動性も確保しなければならない。より高利率の有価証券で運用すれば金利変動・デフォルトのリスクが高まる。こうした矛盾する要件のバランスを取るため、元本保証のある中長期債券で基金運用を行う傾向が強まっている。

(2) 大阪市の動向

実際の公有資産改革の動向を、大阪市を事例に紹介する。バブル崩壊後の不況は大都市自治体大阪市の財政難に直結し、2003年度市税収入はピーク時から1600億円以上少ない6130億円に減少し、同年11月には市長の「財政非常事態宣言」に至った。ここに2004年秋から職員厚遇問題など大阪市の乱脈経営が暴露され、市民の憤激を買った。そこで2005年4月に設置された市政改革本部による行財政改革は、都市政策の効率化、財政・資産・

Ⅲ　物的資源のムダと戦略的運営──土地と基金の運用をめぐって

人事・組織を含めた都市経営のあり方に加え、不正常な慣行是正を含んだ全国的にも稀な短期決戦型の根こそぎ改革となった。

この市政改革の基本方針となる「市政改革マニフェスト」が 2006 年 2 月に確定された。そのマネジメント改革の一環として「資産の流動化」が位置づけられ、全庁的プロジェクトチームとして未利用地の処分を推進する用地チームと施設の再編整備を推進する施設チームが同年 3 月までに設置された。9 月には未利用地情報が一元化・公表され、5676 万㎡の市有地うち未利用地が 184 万㎡（3.2％）もあるのは多いとして、以来 2009 年度までの 4 年間に 42 万㎡を 945 億円で売却し 53 万㎡を活用した。さらに生活保護費の増加などを見込み 2018 年度までに約 1800 億円の土地売却収入が必要になるとして、2010 年 3 月には施設・用地合同チームを立ち上げ、施設の統合・複合化・高層化によって生み出された余剰地の売却・貸付を行うなど、有機的連携を図ることとした。同年 11 月には、大阪市の公有財産・施設・供用廃止済み施設の膨大な一覧表を含む公有財産データベースを指定都市初の試みとしてホームページに公開した。財産ごとにコード番号が振られ、住所・面積・建築年・活用方針などが記され、各区の公有財産地図も添付されている。また 2009 年以降の市有不動産入札結果も公開されている。

この間、大阪市土地開発公社の処分も決まった。2005 年 5 月に設置された土地開発公社経営改善計画策定委員会は、2010 年に将来にわたって土地先行取得機能を活用する見込みがないとして解散を提言した。これに基づき、2005 年度に 17 万㎡（939 億円）あった公社保有地は最終的に第 3 セクター等改革推進債（152 億円発行）を活用して 2010 年度までにすべて買い戻し、2011 年 3 月に指定都市初の土地開発公社の解散を実現した。

ここで大阪市の市有地の増減を確認する。**図表 1** から大阪市の市有地全体はバブル経済崩壊後の 1991 年から 3 年間急増しその後も漸増傾向にあったが、2005 年から減少傾向が明確になる。これは市政改革の開始と軌を一にしている。市有地の利用形態別に仔細にみると、相対的に僅少な部分ではあるが、行政機関が置かれる土地は、バブル経済期に急減し 1994 年には 10

図表1　大阪市の市有地面積の変化

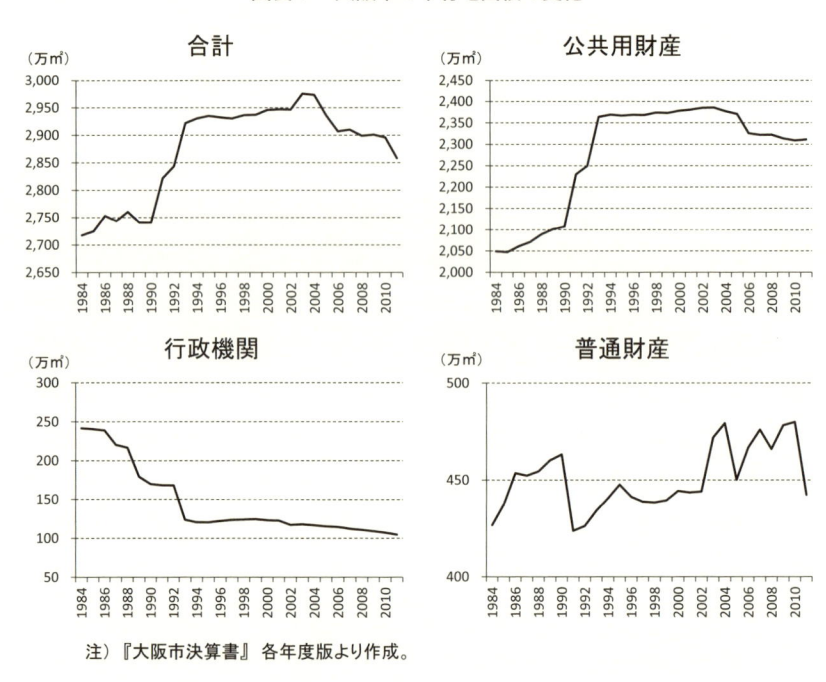

注)『大阪市決算書』各年度版より作成。

年前の半分になり、その後も漸減傾向が続いていて、市有地全体の傾向とは異なる変動を見せる。学校・市営住宅・公園を含む公共用財産は逆にバブル経済期に増加傾向を示し、とくに1991年から3年間に256万㎡も急増し、その後漸増して2004年から減少傾向に転じていて、市有地の約8割を占める公共用財産の変動が市有地全体の傾向を決定している。未利用地・貸与地を含む普通財産は、変動幅は小さいが小刻みに増減を繰り返し、1991年と2003年からの増減は市有地流動化の表れと思われる。

　行政機関や公共用地など実際の行政事務で活用されている土地・建物などの行政財産に対して、行政事務に関わりなく何らかの理由で国や自治体が保有する未利用地などは普通財産とされ、売却や貸与の対象となる。普通財産の売却は一時的に一般会計歳入を補うことができるが、反面それは公有資産

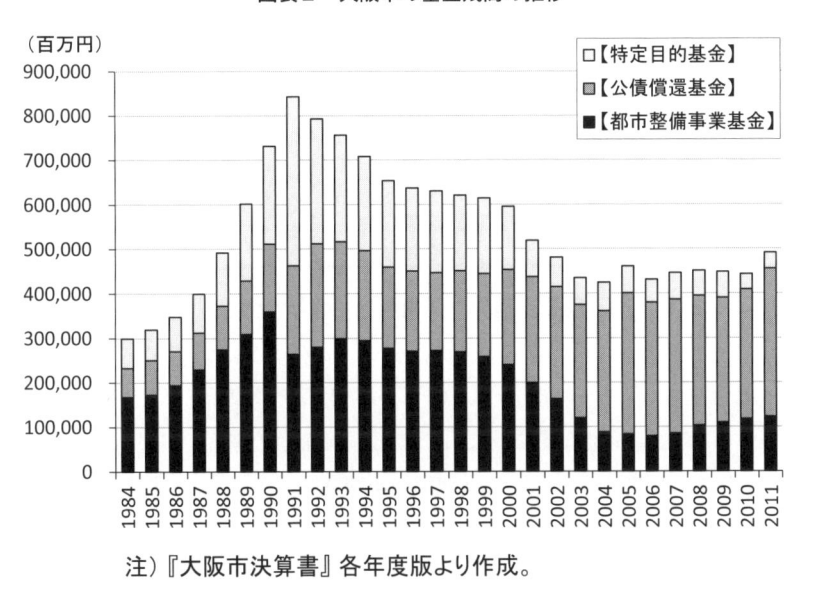

Ⅲ 物的資源のムダと戦略的運営──土地と基金の運用をめぐって

図表2 大阪市の基金残高の推移

（百万円）凡例：□【特定目的基金】 ■【公債償還基金】 ■【都市整備事業基金】

注）『大阪市決算書』各年度版より作成。

の食い潰しを意味する。売却代金を基金に積み立て運用したり、土地を貸与して賃貸料を得ながら政策変更時の公共用地として活用機会を残しておいたりして、公有資産の価値を保持拡大するよう努めるべきである。

大阪市の基金残高の推移を**図表2**にみると、市政改革期は財政調整基金としての役割も担ってきた都市整備事業基金が漸増しているものの、その他の特定目的基金は減少傾向にあり、公債償還基金のシェアが大きくなっている。1992年から地方債の均等償還方式が満期一括償還方式に変わったため減債基金の計画的な積み立てが求められたためである。

大阪市はペイオフ解禁を踏まえた基金運用計画を策定し、2007年3月に「蓄積基金の『効果的な運用』の推進について」を発表して以下の方針を示した。安全・確実な金融商品を安全・確実な金融機関で運用するという前提のもと、基金の目的に応じて短期運用（預金）と中長期運用（公共債購入）により資金を分散してペイオフリスクを回避する。とくに大きなシェアをもつ

図表3　大阪市基金運用実績

年度	財政局運用分基金残高(百万円)	中長期運用額(百万円)	中長期運用割合(%)	利子収益(百万円)	平均利回り(%)
2007	424,696	218,598	51.47	6,352	1.535
2008	434,219	216,078	49.76	7,014	1.609
2009	431,600	197,264	45.71	5,784	1.296
2010	442,169	159,938	36.17	5,215	1.154
2011	489,684	151,299	30.90	4,685	0.952
2012	574,415	159,046	27.69	3,379	0.598

注)『蓄積基金（財政局長運用分）運用計画』各年度版より作成。

公債償還基金（80.5％）については、1～7年までの公債を買い今後10年間のポートフォリオを組むことで中長期運用額を増額する。大阪市公金管理調整会議において安全・確実な金融機関を精査選択する。中長期運用を増やして効果的な運用を行うために基金からの借り入れ可能額が減少し資金不足が生じる場合は銀行からの一時借り入れを行う。

　この基金運用計画は早くも初年度に中長期金利が低下し運用益が当初見込みを大きく下回るものとなった（公債償還基金の運用益当初見込み4億200万円に対して2007年度末実績2億2200万円）。出鼻をくじかれた計画は、その後も世界金融危機の影響をまともに受けて軌道に乗らず、**図表3**のように中長期運用割合は低下し、基金残高が増加しても利子収益は減少している。

2　公有地信託事業をめぐって

(1)　公有地信託事業の経緯

　オイルショック後の資本主義国では、福祉国家型の大きな政府が1970年代に機能不全を起こし、1980年代に行政改革が本格化し、公共サービスにおける行政部門の減量化、民間部門の参入が推し進められた。日本でも1981年に第2次臨時行政調査会が発足し、財界主導の行政改革が進められ、民間企業の活力を国の発展に最大限活かすために規制緩和とともに税制優遇・補助金等での側面支援策が調査研究された。その結果、1980年代後半には公社・公企業の民営化が次々に遂行されるとともに、1986年に民活法、1987年にリゾート法が制定され、対米関係から出た内需拡大の掛け声を追い風として、建設産業・金融機関・行政が一体となって取り組む民活型巨大開発事業が日本全土で始まった。公有地信託もこの民活論議の高まりの中から現れ広まった。

　信託とは、財産の所有者A(委託者)が、信用の置ける財産の管理者B(受託者)にその財産権を移転し運用を委ね、その中で得られた利益を決められた人C(受益者)に与えるという法的取り決めであるが、原則としてその信託財産には金銭・債権・不動産など財産権の設定されるものなら何でも対象となる。しかし、土地など金銭以外の「もの」の運用は面倒で信託報酬も多く期待できないことから、信託銀行は信託事業化に消極的で、従来の不動産信託は土地建物の賃貸料から得た利益を受益者に交付するものであった。ところが貿易摩擦を避ける内需拡大策や、バブル経済で有り余る資金の投資先として都市再開発事業が盛んに求められるようになると、土地信託事業が1984年に制度化され信託の新形態として登場した。土地信託は、委託者から更地の所

有権を受けた受託者が金融機関から融資を得て建設業者に施設を建設させ、信託契約期間中はその施設の賃貸事業で得た利益を受益者に与え、契約終了時には施設と土地の所有権を委託者に返す取り決めである。

さらに、公有地にもこの土地信託制度を導入しようとする議論が政官財界を挙げて巻き起こり、1986年には国有財産法（3月）・地方自治法（5月）等が改正されて、公有地のうち普通財産についても土地信託が可能となった。公有地信託事業のメリットとして、①国や自治体が土地の所有権を保留したまま民間のノウハウを活かした開発ができる、②国や自治体が建設資金を用意する必要がない、③国や自治体が受益者となることで配当を受けられる、④信託目的を設定することで国や自治体の意向に沿った開発ができる、⑤土地売買を伴わないため都心周辺地価の上昇を抑えられるなど多数挙げられ、まさに鳴り物入りでの制度導入であった。

しかし、デメリットは信託事業の実績配当主義であり、資産運用の利益が得られるかどうかは確実ではない。公有地を民間事業者に貸与する場合は長期的に安定した借地料を得られるが、信託事業では受託者である信託銀行が事業に成功すれば高配当を得られるが、失敗すれば配当が出ないばかりか、委託者兼受益者である自治体は契約終了時に受託者の債務を承継し損失補償の義務を負うリスクもある。それを回避するため、自治体には受託者を監督指導し事業に関与する権限が与えられている。首長は信託銀行に収入・支出の実績や見込みについて報告を受け、実地調査し、必要な措置を講ずる権限を持つ。信託契約には議会の議決が必要であり、契約解除権も認められている。首長は信託契約の計算期ごとに事業計画・実績を議会に報告しなければならない。また監査委員は信託銀行の事務執行を監査することができる。

また、公有地信託では「公用・公共用施設の建設等」を目的とする信託は認めないとする自治事務次官通知（1986年5月30日）があり、事業化できるのはレジャー関連施設・オフィスビル・大規模工業団地など公社や第3セクターの事業分野に絞られる。結局、国有地信託事業は本格化できず、公有地信託の制度は自治体が地域活性化の開発事業を推し進める手法の一つと

Ⅲ　物的資源のムダと戦略的運営──土地と基金の運用をめぐって

なった。公有地信託事業は 1986 〜 1995 年で 40 件の取り組みがあるが、バブル崩壊の 1991 年までが 32 件あるのに対し、その後は 8 件しかない。自治体別では大阪市 6 件、東京都 5 件、愛知県 3 件と続き、事業費規模では大阪市の弁天町開発の 648 億円が最高額で、300 億円台が大阪市と東京都各 1 件、200 億円台が大阪市 3 件と東京都 2 件で、100 億円未満のものが全国で 28 件と 70％を占める（中山徹、1995）。このように、公有地信託制度によって、大阪市と東京都が突出して大規模な開発事業に手を染めたことがわかる。

　しかし、バブル崩壊後は長期景気低迷・資産価値下落の影響を受けて、1996 年以降新規事業はほとんど設定されていない。それどころか、現行事業の中にはバブル経済期の過大需要予測に基づく過剰な資産と借入金返済が重くのしかかり、賃料収入が大きく目減りして信託財産である公有地や施設を売却しなければ債務弁済できない事業や、資産価値低下で信託財産の価値を超える債務を抱える事業すら出現している。現在では、この多額に上る借入金債務を受託者と受益者のどちらが負担するのか問題になっている。重要な争点は、旧信託法における受託者の受益者に対する費用補償請求権の解釈である。

　1921 年制定の旧信託法では、財産権からの利益をすべて享受する者は特別の事情がない限り信託財産の負担を負うのが正義とする考えに基づき、36 条 2 項で受託者の重要な権利として受益者に対する費用補償請求権を認め、受益者に信託財産に対する間接的な無限責任を課していた。公有地信託にも、制度設計の段階で、旧信託法が適用され費用補償請求権があると考えられていた。問題となるのは、①信託契約に際して費用補償請求権を排除する合意があったか、②公有地信託においても、受益者がその受益権を放棄した場合に費用補償請求権が適用されないとする 36 条 3 項が有効かという点である。兵庫県加西市にあるゴルフ場・テニスコート・宿泊施設を兼ね備えた兵庫県青野運動公苑の公有地信託事業では、兵庫県と信託銀行 2 行が 79 億円の負債をめぐり法廷闘争となり、兵庫県は 2011 年 11 月に最高裁判決

で全額補償を命じられ、遅延損害金等を含めた105億円を弁済することとなった。

(2) 大阪市の公有地信託事業をめぐる難局

大阪市では法改正により公有地信託が可能になると1986年10月には財産条例等を改正し、直ちに公有地信託事業に取り組む条件整備に当たった。大阪市が公有地信託に積極的だったのは、市有地のうち遊休地の有効活用が課題となっていたためである。公有地信託の効果として市が期待したのは、①民間事業者の豊富なノウハウを活かした地域活性化、②長期にわたる配当や固定資産税による開発利益の享受であった。市はすべての公有地信託事業で事業案コンペを実施して受託者を選定している。

事業名	弁天町	霞町
敷地面積(㎡)	30,123	23,496
旧土地利用	土地区画整理事業地	市電天王寺車庫
施設名	オーク200	フェスティバルゲート
施設開業	1993年3月	1997年7月
延床面積(㎡)	253,585	99,405
階数	51	9
用途	オフィス・商業・ホテル・住宅・スポーツ・遊興	商業・遊興・文化・スポーツ
信託契約	1988年3月	1990年8月
契約期間	30年	30年
受託者	大和銀行・住友信託・三菱信託・三井信託	東洋信託・三井信託・中央信託・日本信託
予想事業費(億円)	647	300
確定事業費(億円)	1027	257
予想配当(億円)	272	57
報酬(億円)	42	—
金利(億円)	400	—
市税(億円)	191	—
状況(2007年4月現在)	配当なし、借入金増加、単年度黒字、終了時債務返済困難	—
市の方針(同上)	信託期間最大20年延長、事業安定化	—
経過	2010年に受託者が費用補償を求めた訴訟で、2013年3月大阪地方裁判所判決で市に637億円の費用補償支払い命令、市控訴、2014年7月同額支払いで和解交渉中	2002年受託者から契約終了要求、2004年3月の調停で市は200億円の費用補償支払いのうえ2004年9月信託契約終了、事業廃止、2009年1月マルハンに14億円で売却

注) 中山徹(1995)表4-1、大阪市土地信託事業検討会議「大阪市ホームページ公開書類より作成。※は住之江用土地信す。予想事業費・予想配当はコンペ事業案で提示された額。

76

Ⅲ　物的資源のムダと戦略的運営―土地と基金の運用をめぐって

　大阪市の公有地信託事業の概要を**図表4**にみると、全6件のうち4件は、1991年3月までのバブル経済期に契約し、施設が開業するのはバブル崩壊後の長期経済低迷期に入ってからであった。以下に見るように、この景況のギャップが、市が大きな期待を寄せた公有地信託事業の構想をいずれも大きく狂わせ、その出鼻をくじくこととなった。少し遅れて1994年に契約を交

図表4　大阪市の公有地信託事業

西心斎橋	住之江	新大阪	扇町
4,279	8,599	4,865	7,401
市立南中学校	市バス住之江車庫	土地区画整理事業地	市立工業研究所
ビッグステップ	オスカードリーム	ソーラ新大阪21	キッズパーク
1993年3月	1995年3月	1994年9月	1997年7月
28,492	43,533	40,103	52,330
7	19	21	12
商業・文化	商業・ホテル・スポーツ	商業・オフィス・ホール・スポーツ	子供施設・商業・オフィス
1991年2月	1991年3月	1991年11月	1994年2月
30年	30年	30年	30年
大和銀行・安田信託・三菱信託	安田信託	住友信託	住友信託・大和銀行
86	223	205	266
131	※	178	256
259	263	162	75
11	17	22	26
20	178	270	―
62	71	94	124
当初は配当があったがその後なし、借入金増加、単年度黒字、終了時債務返済困難	※	配当なし、借入金増加、単年度黒字、終了時債務返済困難	配当なし、当初計画以上の利益、単年度黒字
売却	※	売却	売却
2007年12月パシフィックマネジメントに167億円で売却、2009年3月に市が38億5000万円の損害賠償訴訟を起こすも2013年6月敗訴確定	2006年6月受託者から契約終了要求、2008年5月に調停決裂、受託者・市双方が起こした訴訟で、2011年12月大阪地方裁判所判決で市に276億円の費用補償支払い命令、市控訴も2014年3月283億円支払いで和解成立	2008年4月野村不動産オフィスファンド投資法人に196億円で売却、2009年9月に市が10億円の損害賠償訴訟を起こすも2014年4月敗訴確定	2008年8月関西テレビ放送に216億円で売却、予想配当額を上回る売却額となったため訴訟検討せず

わした扇町のキッズパークでは配当は出ないまでも唯一堅調に施設運用の利益を出していた点も注目される。

　例えば、霞町のフェスティバルゲートでは、1989年12月のコンペ最優秀案が都市型立体遊園地を中心に、本格的なミュージカルシアターやミュージックスクール、国際的人材を育成するサービスビジネススクールなどの文化施設、情報化・国際化に対応したインテリジェントオフィスからなる計画だった。ところがバブル経済絶頂期に36階建ての分譲マンション計画が入り込んだ後にバブル崩壊を受けて撤回されると、9階建てに大幅に規模を縮小し、ホテル・フィットネスクラブ・ミニ映画館と3分の1に縮んだ立体遊園地からなる施設に変わってしまった。コンペ最優秀案として評価されたコンセプトは崩れ、従来にない都市型施設とはもはや言えなくなって、後年リピーターを獲得できずに事業破綻に追い込まれた。

　住之江のオスカードリームは、貿易商の集まるアジア太平洋トレードセンターのアンテナショップとなる卸のメンバーショップ「ワールドショーケース」を計画するものだったが、結局家電・家庭用品の量販店となり、既存商業施設との共存共栄のコンセプトは破綻した。弁天町のオーク200では、国際化・情報化に対応した副都心の機能を備えた地域のアメニティの核となるものとして、51階建て超高層ツインビルとアミューズメント棟が建設された。しかし、バブル崩壊後の景気低迷で賃貸・分譲オフィスや住宅が売れ残り、テナント料の値下げを余儀なくされて、受託者の借入金が膨らむばかりになった。やむなく売れ残り物件に港区役所が一時的に入り、公有地信託事業の受益者であるはずの市が受託者にテナント料を支払い（市は信託配当を1円も得られず、逆に毎月信託報酬も支払う）、その運用を支援する羽目となった。

　公有地信託に手を出し、公有資産の運用に惨憺たる失敗を喫した大阪市は、市政改革マニフェストが出る前の2006年1月に土地信託事業検討会議を設置し、信託契約終了時に市の負担となる恐れのある受託者の債務が膨大な額になっているため、将来の市民負担軽減策を立てることにした。市の基本

Ⅲ　物的資源のムダと戦略的運営―土地と基金の運用をめぐって

方針として、商業施設やオフィスビルの経営に行政が関与し続ける必要性はないと判断し、公有地信託の枠組みを撤廃し民間事業者主体の運営体制へ移行を図ることとした。原則として施設売却を目指すが、売却が困難な場合は信託期間を最長20年延長し債務の圧縮や借入金利の低減を図る。また、オーク200には2005年度末に当初計画の約2.6倍もの借入金残高があるなど、受託者の善管注意義務違反等の法的責任がなかったか専門的検証を進めることとした。

　ところが、検討会議が2007年4月に最終報告をまとめる前に、2006年12月に受託者のみずほ信託銀行（前身安田信託銀行）がオスカードリームの経営に行き詰まりその債務を自己資金で返済せざるを得なくなり、市交通局に対して借入金275億円と遅延損害金等の支払いを求める費用補償請求の民事調停を起こした。これに対して、2007年3月に市交通局は、みずほ信託銀行が自ら提案した事業計画に基づき管理運営してきた事業であるとして、配当金36億円と遅延損害金の支払いを求める民事調停を起こし、この2つの調停は併合協議されたが2008年5月に不成立に終わった。そこで同月、みずほ信託銀行と大阪市は訴訟を起こし、先述の兵庫県の事件に続く法廷闘争に発展した。さらに2010年には、りそな銀行（前身大和銀行）・三井住友信託銀行・三菱UFJ信託銀行が市に対してオーク200の借入金637億円の費用補償を求める訴訟を起こした。これに対して、大阪市会は2012年2月に受益権の放棄を議決し、旧信託法36条3項により費用補償請求権は消滅したとして争った。

　この2件の訴訟の地裁判決が相次いで出された。兵庫県の公有地信託をめぐる最高裁判決が出て間もない、2011年12月9日にオスカードリームをめぐる大阪地裁判決が出た。費用補償請求権排除の合意をめぐって、市交通局の信託契約書原案が「受託者の費用補償請求権を認めない趣旨ではないことに留意を要する」と注記された大蔵省理財局長通達に沿って作成された旧郵政省の契約書を参考にして作成されたものであり、市交通局の一般財源による支弁はしないという方針は受託者と合意を得ていたとは言えないとし

て、市交通局の全面敗訴となった。次いで、2013年3月7日のオーク200をめぐる大阪地裁判決が出た。この判決でも費用補償請求権排除の合意が争点となり、市の担当職員の資料作成の経緯や議会答弁や論稿記事を詳細に検討し、市が費用補償請求権排除合意とは矛盾する態度、つまりそれがあることを前提として考え振る舞っていたと認め、合意はなかったとした。また受益権の放棄により費用補償請求権が適用されないという争点についても、受益の意思を有していた受益者が事後的に事業経過等を検討して受益権を放棄しリスクを回避することはできないと判事し、大阪市の全面敗訴となった。

　大阪市会は市の公有地信託事業を非常に厳しい状況に至らしめた受託者の責任が極めて重大だとして、事業ごとに受託者の法的責任を追及する方針を決議し、市はビッグステップ、ソーラ新大阪21の受託者への損害賠償訴訟を起こしたが、これら訴訟も敗訴が確定した。オスカードリーム、オーク200の訴訟判決は基本的に兵庫県の公有地信託をめぐる最高裁判決と同じ論理であり、市が信託契約を結んだ時点で有効だった旧信託法の費用補償請求権を免れることは難しい。オーク200裁判で明らかにされたように、市の担当職員の対応からは、費用補償という大きなリスクを認識しつつも、権限を行使し早急に対策を講ずるなど十分なリスク管理を怠っていた実態が見えてくる。

　そもそもバブル経済の申し子とも言うべき公有地信託事業はバブル経済の崩壊によってその制度的枠組みが破綻したが、その制度設計時に懸念された残存債務負担の対処法が全く考えられていなかった。しかし、地域開発のプロの手腕を期待して自治体が公有地を委ねたのだから、甘い見通しで事業を失敗した受託者の善管注意義務違反がないと言えるのか、兵庫県知事は最高裁判決が公有地信託事業の本質を見誤っているとコメントを出した（2011年11月17日）。角紀代江（2012）は、このような状況を引き起こしたのは、受託者はリスクを負わないという費用補償請求権の存在だったのではないかと指摘している。

III 物的資源のムダと戦略的運営――土地と基金の運用をめぐって

3 仕組債での基金運用をめぐって

(1) 自治体の仕組債購入

　日本経済は 1995 年ごろから「失われた 10 年」と呼ばれる長期不況に入る。以来、日本銀行は不況克服策として超低金利政策を導入し、公定歩合は 1990 年 6.0％から 2001 年 0.1％になり、景気回復で 2007 年に 0.75％まで上昇するが、世界金融危機のため 2008 年から再び 0.3％に抑えられている。預金の利率はわずかとなった。さらに 2005 年 4 月にはペイオフ解禁になり、金融機関への定期・普通預金は元本 1000 万円とその利息までしか保護されなくなった。そのため財団法人など資産運用で事業経費や人件費を捻出する団体は、預金を解約して高利率の債券・株式などでの運用をより積極的に模索するようになった。経営の苦しい大学法人や医療法人なども含めて、矛盾ではあるが、超低金利の時代に高利率の資産運用を渇望する各種団体が注目したのが仕組債であった。

　仕組債とは、証券会社が各種団体むけに、公債など本来信用リスクの低い債券にオーダーメイドでデリバティブ取引を仕組んで高利率を可能にする債券である。デリバティブと総称される先物・オプション・スワップなどの金融取引手法により、小額の元本で数十倍から数百倍の利益を狙うが同等の損失の可能性（レバレッジ効果）のあるハイリスク・ハイリターンの金融契約を複雑に仕組むことで、元の債券の金利を何倍にも膨らませようとするものである。そのため、デリバティブ取引を掛けられた株価や為替指標の高さ低さよりもそのボラティリティの高さ（変動幅の大きさ）が、仕組債での資産運用の成否を決定付けることとなる。

　仕組債の種類には、デリバティブ取引を掛ける指標によって、たとえば

トヨタ自動車株のような個別の株価に金利や元本を連動させるEB債（他社株転換社債）、株価指数に連動させる日経平均連動債、為替相場に連動させるPRDC債がある。仕組債は1980年代半ばから普及し始め、2000年代に入ると複雑化して高金利・元本保証を一見両立するかのように見せかけ、2008年のリーマン・ショック以前には年間5兆円以上発行された。アレンジャーとなる証券会社の調整により、債券の発行元は海外大手証券会社と契約を結びデリバティブ取引を仕組んでもらい、販売店となる証券会社に仕組債を提供する。とくに販売店は投資家に仕組債を売ることで1割ともされる莫大な手数料を投資家に明示せずに契約と同時に抜き取ることができる。しかもリスクはデリバティブ取引を行う海外証券会社に丸投げしている。そこで販売店は仕組債を買いやすいものにするためにさまざまな仕掛けを用意した。たとえばノックイン型では相場の大きな下落が生じたときのみ元本損失が生じるが、投資家には安全に見える。最初に一定期間のみ固定高金利でその後変動金利になる取り決めも、利益の先食いによって最初に安心感を与える。満期長期化・早期償還条項により、投資家に大きな損失を放置させ、さらに買い増す動機を与える。こうして各種団体の不用意な仕組債購入が蔓延していき、リーマン・ショック後の世界金融危機により「想定外」の大規模な含み損を抱え、多額の資金を30年間「塩漬け」にされた失態が次々に摘発糾弾されている。

　従来、預金のほか国債・地方債などで確実な公金運用を行っていた全国の自治体の中からも、この難局に陥るケースが少なくない。吉本佳生（2009）によれば、仕組商品による公金欠損がとりわけ甚大なのは兵庫県・新潟県・大阪府・福岡県の自治体であると言う。総務省によると2008年末現在で、仕組預金は67自治体1500億円、仕組商品（仕組債購入・指定金銭信託）は24自治体430億円、仕組地方債発行は17自治体4200億円となっている。仕組商品で公金運用を行う24自治体のうち、兵庫県11、福岡県5、岡山県2、大阪府・広島県・奈良県・山形県・静岡県各1の自治体であり、その運用額も神戸市165億円、朝来市65.5億円、豊岡市35億円と兵庫県がトップ

3を占める。

朝来市議会基金運用問題調査特別委員会報告(2009年3月30日)によると、兵庫県内41市町村のうち仕組債（PRDC債）購入は12自治体94.4億円（朝来市55.5億円、三木市33.9億円、加東市5.5億円、明石市0.5億円の4自治体）、指定金銭信託を含む仕組み預金は11自治体121.8億円見られ、合計12自治体216.2億円に上る。福岡県内でも、2011年11月現在で筑前町21億円、飯塚市20億円など8自治体が77.5億円の仕組債を保有している。これに対し、飯塚市・芦屋町・苅田町・鞍手町の議員や市民14人が2010年11月に県仕組債問題連絡会議を設立し、各自治体の情報を共有し自治体に解約を要求、購入責任を追及し始め、苅田町・東峰村では住民訴訟に発展している。兵庫県内では神戸市が損失を確定することなく仕組債の償還時期をひたすら待つ構えであるように、このような責任追及の動きは少ないなか、朝来市・市議会の問題対応は注目すべきものがある。

(2) 朝来市の購入した仕組債

兵庫県朝来市は2005年4月に旧朝来郡4町が合併して生まれた人口3万人あまりの山間部自治体である。こんにち「天空の城」として人気沸騰中の竹田城址や先駆的な住民自治のまちづくりで全国的脚光を浴びるこの小さな町が騒然となる問題が2009年1月に発覚した。議会や市民の知らないうちに、市が基金の6割に当たる67億5000万円（2008年9月31日現在）もの公金を仕組商品に投資し、2008年秋の世界金融危機のために無利息のまま30年間償還の目途が立たない「塩漬け」に陥ったのである。この朝来市の投資額は全国で神戸市に次ぐ突出した高額で、しかも財政規模の小さな朝来市では、災害など緊急の出費に迅速に公金を用意できるのか危ぶまれる重大な財政問題となったのである。

市の収入役は、新市誕生と同日にペイオフが完全解禁され、預金先銀行等の金融機関破綻に対策を講ずる必要を感じていた。その頃、兵庫県内自治体

の収入役会議が開かれ、そこで債券による積極的な基金運用の話を聞いたことなどをきっかけに、2005年秋頃から市長と収入役で債券運用を中心とする基金の効率的運用の方針を決め、内規を整えて基金の多くを債券運用に回す基準を設けた。2006年2月には証券会社のアドバイスを受けて、より利率の高い公債に買い替える入れ替え運用を進めた。収入役は証券会社から(親切にも基金運用規約の改正案まで添えられた)資料をもらい仕組債購入の方針を

図表5　朝来市の仕組債(指定金銭信託)運用経過

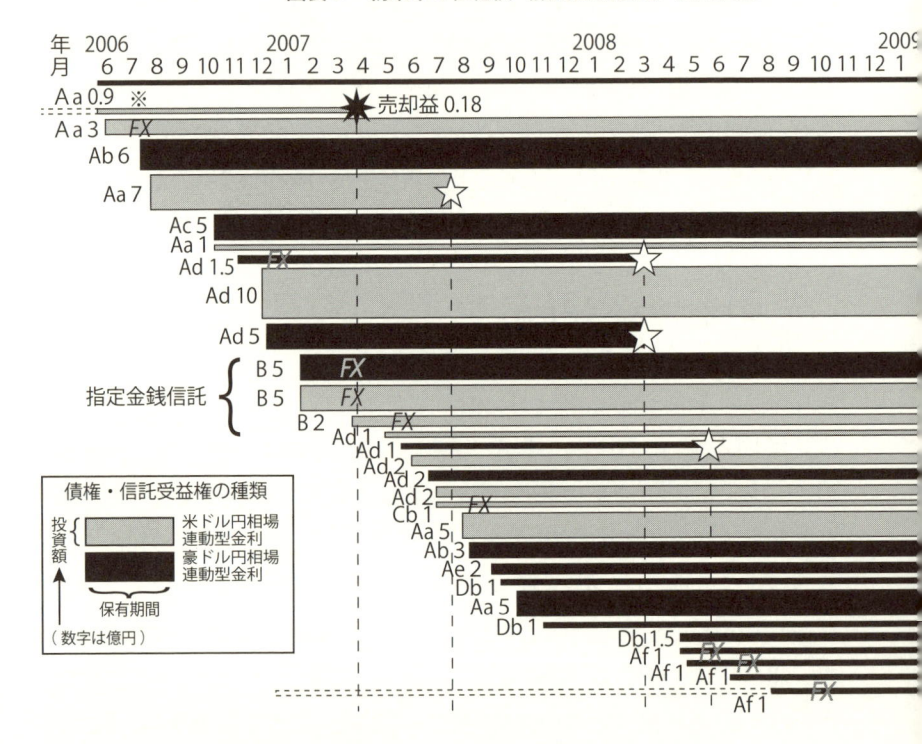

注）　販売元：A 日興証券、B 三井住友銀行、C 三菱UFJ証券、D みずほ証券
　　　発行元：a ドイツ復興金融公庫、b 国際復興開発銀行、c 国際金融公社、d ノルウェー地方金融公社、f フィンランド地方金融公社
　　　早期償還条件：※は発行元に早期償還の権利、FXは累積金利、それ以外は目標為替
　　　★は売却、☆は早期償還、点線帯は既発債券を表す。累積金利は2012年4月27日までの金
出所）　日興証券・三井住友銀行に対する朝来市訴状(大阪地方裁判所民事部、2012年6月25日)添付資料より作成。

Ⅲ　物的資源のムダと戦略的運営──土地と基金の運用をめぐって

固め、市長は30年の超長期外国債を購入できるように市の債券運用指針を改正した。5月に収入役は日興証券から仕組債購入の勧誘を受け、債券運用の認識が不十分な市の部課長からなる公金管理委員会で仕組債購入の合意を取り付けると、24日に日興証券と最初の購入約定を交わした。

　その後の朝来市の仕組商品購入状況は**図表5**のとおりである。堰を切ったかのように2年間で次々と億単位の仕組商品を買い増していった様子がみて取れる。市は全部で29件（82億9200万円）の仕組債・指定金銭信託に投資しており、そのうち日興証券が22件（66億4200万円）、三井住友銀行（指定金銭信託）が3件（12億円）、三菱UFJ証券が1件（1億円）、みずほ証券が3件（3億5000万円）で、総額の80.1％が日興証券販売の仕組債である。

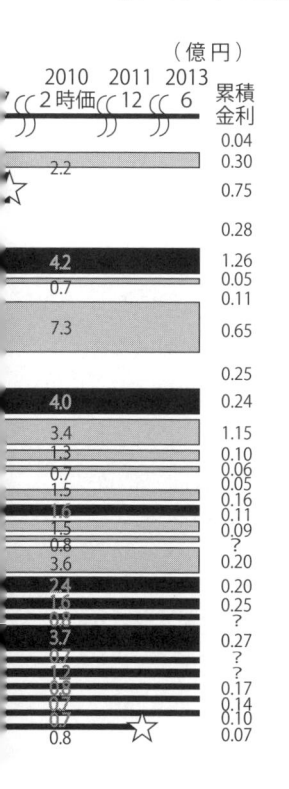

　朝来市が投資した仕組債はいずれも為替相場に金利と償還時期を連動させるタイプ（指定金銭信託も基本的に同じ）で、年1回の利払い日の為替レートが目標水準より円安になると早期償還になるPRDC債（20件）と、為替レートに応じて支払われてきた累積金利が目標値を超えると早期償還になるFXターン債（6件）がある。市の基金運用問題専門家チーム報告書（2010年3月24日）がこれら仕組債のきわめて複雑な商品構造を簡単に整理して例示している。

・適用金利は①1年目は年5％で②2年目以降はドル円相場から次の数式で計算する。

・（25％×利払い日のドル円相場÷当初のドル円相場）－20％

・ただし、上限は年5％、下限は年0％

・PRDC債の場合、利払い日に1ドル＝98円より円安ならばその時点で償還する。

85

・FXターン債の場合、累積金利が20％以上に達した利払い日に償還する。
・早期償還がない場合は、発行から30年後に満期償還する。

　この商品は投資後の円相場が安定しているか円安に進めば、数年間だけ高金利を得て、元本も円建てで全額戻ってくる。しかし、ある水準を超えて円高が進むと、金利がゼロに近づき、最悪の場合、そのまま30年間の運用となる。その間はせっかくの基金が金利も生まなければ現金化もできずに「塩漬け」になってしまう。この商品の金利と償還の条件にはギャンブルとしての性格を読み取ることができる。証券会社は円安が進み投資家に支払う金利が高騰しないように金利上限を設けていたり早期償還条項で運用を打ち切ったりするのに対し、円高が進むと元本に大きな損失を生じるが自治体向けに元本保証を謳っているため、30年間金利を支払わずにその分を少しずつ欠損補填に当てる。その間にインフレが起きれば額面で保証された元本も実質的に大きな損失を蒙る。つまり、朝来市が買い漁った仕組債は、たとえ市がギャンブルに勝っても膨らむはずの利益はあっさりと削減されるのに対して、負ければその損失すべて背負わされる極めて危険性の高い金融商品だったのである。さらに悪いことに、もし市がこの仕組債を売却しようとしても、デリバティブ取引がオーダーメイドで複雑に仕組まれているため、これを売買する市場が存在せず（流動性が極めて低い）、販売元の証券会社に高額の違約金を払ったうえで、言い値で買い取ってもらうほかない。手放したくても手放せないジョーカーを掴まされたようなものである。

　しかも朝来市の購入したPRDC債には、早期償還の条件が不明確で発行元の自由な判断で早期償還できる条項が部分的に付けられたものも多い。これでは証券会社にとってもっとも有利で、市にもっとも不利な状況になるまで、市は座して待つのみである。基金運用問題調査特別委員会が「いろいろ奇妙」だと指摘する市が最初に購入した仕組債は、早期償還条項が明定されず発行者がその決定権を持つという一方的なものであるが、不思議なことにわずか10か月あまりで購入額より高値で売却できている。これは確実な基金運用を求められる自治体の担当者に仕組債のうまみを味わわせる「試食」的な効

III 物的資源のムダと戦略的運営——土地と基金の運用をめぐって

果を狙った規格外商品だったのかもしれない。

(3) やめられない仕組債購入

　改めて**図表5**を見ると、朝来市は2006年6月6日に最初の仕組債の受渡しを終えると、9日には2つ目の仕組債3億円を約定し、以後大口の仕組債を日興証券から次々に購入していく。2007年1～3月に三井住友銀行に指定金銭信託を契約するまで大口投資を続けたことがわかる。2007年3月30日現在、デリバティブ取引を掛ける為替相場が対米ドルの仕組商品は56.2％（28億9850万円）で、対米ドルと対豪ドルがほぼ均分するように購入している。これは日興証券販売員が豪ドルになじみがないと腰が引ける市収入役をリスク分散のためと説得したと専門家チームが報告している。

　ところが、最初の仕組債が売却された2007年4月以降、市の購入する仕組債が小口化する。4月段階で市の基金総額の55.0％を仕組商品に投資していた収入役と市長は、さらなる仕組債の購入について思案するところがあったのではないだろうか。ちょうどそんな折に最初の仕組債が発行元の判断により売却され、朝来市には1800万円の売却益が転がり込んできた。その後は7件が1億円もしくは2億円の比較的小口の仕組債購入が続き、8月に7億円の仕組債が早期償還されると、直後に5億円・3億円の仕組債を購入し、10月にも5億円の仕組債を購入している。しかし、この頃から対米ドル仕組債の購入がなくなり、対豪ドルに切り替えられる。**図表6**のように2007年8月にアメリカでサブプライムローン問題が発覚すると、それまで円安傾向に推移していた米ドルが一転して円高傾向に推移し始めた。これに対して、豪ドルがその間も1ドル100円水準を維持していたために、証券会社が対豪ドル仕組債に切り替えたものと思われる。

　その後しばらく購入が控えられたものの、2008年3月に1億5000万円・5億円の仕組債が早期償還されると、一時的な円安傾向への反転もあり、再び小口の仕組債を買い始めた。8月12日に朝来市は最後の仕組債購入の約

図表6　外国為替（TMM月平均値）の推移

定を日興証券と取り交わすが、この仕組債は最初のものと同じく既発債で円高状況の続いていた2011年12月に早期償還されている。日興証券はこの時期に至り、早期償還の可能性が高い、投資家に比較的有利な仕組債の購入を薦めたと考えられる。その1か月後の9月15日にリーマン・ブラザーズ証券が倒産、29日にアメリカ国会下院が緊急経済安定化法案を否決したため株価が暴落し、100年に1度と言われる世界金融危機に陥った。市が保有していた仕組商品の金利は5％前後から急落して、特に対米ドル仕組商品は0～0.1％になり、円安傾向に持ち直した対豪ドルのものと合わせて1％前後になってしまった。元本についても、**図表5**のように2010年2月現在の時価評価額がおおむね簿価の7～8割に下落している。

　朝来市の基金運用に当たった市長と収入役は、地方自治法や市の基金条例で「最も確実」な運用、つまり預金のほか元本が確実に償還される国債・地方債・政府保証債などの債券運用に制限されていたのに、なぜ危ういギャンブルに手を染めたのか。1つの理由として、証券会社担当者の説明のずさんさ・ごまかしが挙げられる。参議院財政金融委員会（2009年2月21日・6月11日）で指摘されたように、金融商品取引法で自治体は特定投資家と規定

III 物的資源のムダと戦略的運営——土地と基金の運用をめぐって

され、金融商取引のプロと位置づけられている。そのため一般投資家に対して金融機関に課される詳細な説明義務が免除される。ところが、自治体の基金運用担当職員の多くは、人事異動で数年間だけ預金や公債の運用を任されただけの金融商取引の素人である。

　億単位の取引であるにもかかわらず証券会社が朝来市に交付した書類はペーパー1枚の外国証券内容説明書だけであり、これは重要事項を顧客に知らせない極めて不適切な説明書であった。30年債を明示する正式名称やスワップ取引が行われること、スワップ取引やデリバティブ取引を担当する外国証券会社名を記したファイナルタームズ（英文20頁程度の最終条件文書）も基金運用問題調査特別委員会に翻訳提出を求められるまで交付していなかった。市長も委員会報告で初めて取引の内実を知ることになった。ファイナルタームズには、さらに英文300頁の基本目論見書があり、取引の完全な情報はこれを見なければ分からないと記されていた。市担当者はそんなことは露知らず莫大な公金を投資していたのである。口頭説明では、リスクを丸抱えしているはずのデリバティブ取引を行う外国証券会社（クレディスイスやゴールドマン・サックスなど）ではなく、発行元（ドイツ復興金融公社など）の信用格付けが日本国債以上に高いことを強調して世界最高の信用ある債券だと誤った印象を与えたり、長期的には円高が予想されるなか円安基調だった短期間の為替変動表を見せたり、豪ドルは資源国の通貨で強いから円高にならないと説明したりして、市の担当者に誤った認識を持たせ安心させた。そのため、収入役や市長は法令違反の認識を全く持つことなく、証券会社販売員の説明を信じて議会答弁を繰り返し、結果的に3年近くにわたり市民に誤った情報を発信し続けた。

　もう1つの理由は、先述の利益先食い・損失先送りの商品構造にある。当初金利が高利率で設定されているため、その運用成果で自治体は市民受けのよい公共サービスを直ちに展開できる。朝来市の場合も、問題発覚直後の臨時議会で市長が、この運用益が市民の生活向上に役立っている、これがなければ現在の高福祉を維持できないと答弁しているように、この商品構造が

市担当者の「善意」に働きかけて仕組債を購入させる大きな誘引であったと考えられる。幸運にも円安が続き早期償還されればさらに買いたくなる。仕組債の顧客はリピーターとなって、販売元の証券会社はそのたびに繰り返し手数料を稼ぐ。朝来市も早期償還のたびに仕組債の買い増しを集中的に行っていた。もしも為替相場が急激に円高に振れて金利ゼロ・30年塩漬けになったとしても、顧客の自治体は「元本は保証されている、いずれ円安になれば早期償還されるから大丈夫だ」と、根拠のない楽観的観測で議会や市民に説明し、その間に担当者も市長も責任を取らずに交代してしまう。証券会社の販売員も数年単位で異動する（ときに別の証券会社に移籍する）ため、30年という長い契約期間のうちに販売・購入双方の責任者は逃げ切ることができる。そのため、仕組債の危険性が2000年代半ばから警告されていたにもかかわらず、仕組債を購入する団体は後を絶たず蔓延していった。

(4) 基金運用問題の発覚と対処

2008年12月11日の朝来市議会で、世界金融危機が与えた市財政への影響を問う質疑があり、その中で3.28％という高利率での基金運用の理由が問われた。それに対する市長答弁で、仕組債を21件、簿価総額55億4900万円も保有していることが明らかとなった。これを受けて2009年1月21日に市議会総務委員会で、それまで契約期限は1～5年と発言していた収入役が償還期限そのものは30年であるという重大事実を初めて公にした。驚いた議員たちは2月12日に再度委員会を開いて調査した結果、事態は極めて深刻であることに気付いた。14日には新聞報道で市民の知るところとなり、18日に臨時議会が開かれ、総務委員会報告とともに緊急質問があり、基金塩漬けの実態が厳しく問い質され、その場で基金運用問題調査特別委員会が設置された。

特別委員会（市議会議員7人）は市の責任者11人に出席を求め説明を聞くとともに、2月下旬には経済学者の吉本佳生氏に協力を求めた。3月24日

III 物的資源のムダと戦略的運営──土地と基金の運用をめぐって

に 120 頁にわたる最初の特別委員会報告を提出し（30 日市議会説明）、仕組商品による基金運用問題の実態を明らかにした。吉本佳生（2009、p.7）はこの調査に当たった「市議会議員や市議会の事務職員は、かなり優秀な人たちだった。電話連絡があった時点で、すでに問題のポイントを把握しており、その後まとめられた調査報告書も専門家が舌を巻く内容であった」と高く評価している。この特別委員会は、その後も改組しながら問題究明と善後策のために 57 回委員会を開き、第 2 次（2009 年 8 月 31 日）、第 3 次（2010 年 9 月 1 日）、最終報告（2013 年 9 月 2 日）を提出して責任を全うした。

朝来市も 2009 年 5 月 8 日に現市長が就任すると、この問題の究明・善後策策定に本腰を入れ始めた。11 月 10 日、市は弁護士 4 人・経済学者 1 人からなる専門家チームに問題の調査を委嘱し、2010 年 3 月 24 日に 120 頁にわたる報告書の提出を受けた。市長は 4 月 13 日の市議会で説明し、証券会社の販売勧誘には法令違反の疑いが濃厚であり、法令順守の観点から仕組商品の速やかな中途売却・解約が望ましく、法的手続きを取れば損害賠償が認められる可能性があると表明した。2010 年 9 月に市議会は仕組商品の処分を市に要請し、10 月の一般投資家に仕組債のリスク判断は困難とする大阪高裁判決を受け、11 月に市内各地区で市民を前に市長自ら市の方針を説明し、12 月に市は証券会社（三井住友銀行証券営業部を含む）4 社に協議開始を表明した。2011 年 6 月 30 日に販売元証券会社に簿価で仕組商品買取りを求める裁判外紛争解決手続きに入るが 2012 年 5 月 9 日に決裂した。そこで市は 9 割以上の仕組商品を購入した日興証券と三井住友銀行に対して仕組商品を保有したまま損害賠償を求める訴訟を起こす方針を決めたが、市議会では裁判の泥沼化を恐れる反対意見も根強く、市民を巻き込んでの論争の末、市議会の基金運用訴訟に係る審査特別委員会・本会議ともに賛否同数、議長採決で辛うじてこの訴訟議案を可決した。これを受けて市は、6 月 25 日に日興証券・三井住友銀行に対する損害賠償訴訟を起こした。

ところが、2012 年末から政権交代によるアベノミクスへの期待から、為替相場は円安傾向へと反転し、2013 年 5 月には対米ドル・豪ドル円相場は

ともに1ドル100円を超える水準まで進み、とりわけ対豪ドルは仕組商品購入当初の水準に回復した。保有仕組商品の時価評価額がその元本欠損額を既得金利で相殺できる水準まで回復した3月時点で、朝来市は仕組商品の売却の方針を固めた。5月22日、裁判開廷を目前に市は各証券会社に仕組商品売却見積額の提出を求めたところ、既得金利を含めた差益が3億3000万円出ることがわかった。朝来市はここから仕組商品売却に向けて機敏な動きを見せる。翌23日は神戸地裁での第1回弁論予定日だったが、当日になって急遽7月25日に延期の合意を得、24日に仕組債売却額、28日には指定金銭信託解約精算金を決定、6月7日までにすべての仕組商品の売却を完了した。最終的に簿価57億円の仕組商品を53億0961万円で売却し、元本欠損は3億9040万円に上るが、既得金利総額8億3604万円を差し引くと、4億4564万円の差益を得たことになる。この差益を実質金利とみなせば、仕組商品での運用の年利は1.1％と算出され、5年もの国債1.4％、5年もの兵庫県債1.35％に比べれば低いが、最低限の金利は確保できたと、基金運用問題調査特別委員会の最終報告書は結論付けている。

おわりに——公有資産管理に求められる堅実さ

　大阪市の公有地信託事業ではバブル崩壊によって、朝来市の基金運用問題では世界金融恐慌によって、金融機関提案の儲け話は水泡と帰した。そして、金融機関は自らのリスク回避策を十分考慮して金融商品を設計しているため、結局自治体が巨額損失を押し付けられる形となる。これでは、自治体が身を切る行政改革で辛うじて確保した公共サービスの財源が一瞬にして無為に帰すことになりかねない。大阪市の訴訟では、旧信託法の問題点も指摘されたが、結局担当職員が気付いていたリスクに適切な対応を取らずやり過ごした責任が問われた。幸運にも朝来市の問題はアベノミクスに救われ利益

を出して解決に至ったが、これは問題発覚後に市議会と市がよく連携して責任ある的確な事後対応を取り続けていたために、好機にすばやく手続きを取ることができたためである。その反面、自治体初の仕組債販売をめぐる損害賠償訴訟は立ち消えとなり、証券会社・朝来市双方の責任の所在はうやむやになってしまった。

　これらの公有資産管理をめぐる難局は、いずれも地域活性化や市民の福利を目指した自治体関係者の「善意」に始まるが、首長・職員・議員ら自治体関係者が日本経済全体の動向を読み切る能力も覚悟も不十分なまま、巨額に上る市民の財産を金融機関のセールスに賭けて多額の利益を得ようと目論み、それが大きく裏目に出たところから発生している。今後も高度な金融取引が求められるなら、市の担当職員を教育し金融機関販売員の説明を安易に信用せずに独自の情報収集に基づき自主的に取引判断できる能力を養わせ、また十分な専門知識を持つ有識者の判断を仰ぐ必要がある。それでも予見できないような事案には係らない慎重さがさらに必要である。その点、朝来市の基金運用問題の事後処理が参考になるだろう。さもなければ、不用意な公有資産管理の失敗によって、莫大な資金と時間とエネルギーを事後処理に注ぎ込まざるを得なくなる。将来を見据えたまちづくりにそれを振り向けることができることを思えば、計り知れないムダをもたらすことになるのである。

　近年の公有資産管理は総合的で体系的な管理手法や、客観的で多面的な評価手法を導入しているので、担当職員が迂闊にハイリスクの資産運用に手を出し自治体財政に大きな損害をもたらす契機は減るものと思われる。しかし、政治的な「善意」の主張の前に、公有資産管理の原則を逸脱して不適切な運用がなされないとは限らない。失敗への分岐点がどこにあったか、過去の事例から十分留意しておく必要がある。

参考文献

青山崇（2010）「資金運用の実務を考える」地方財務675、11～18頁。

今上登美雄（1991）「公有地信託制度によるまちづくり」都市問題研究43-10、122～139頁。

角紀代恵（2012）「公有地信託において旧信託法に基づく受託者の受益者に対する費用補償請求権が認められた事例（最高裁平成23年11月17日第一小法廷判決・金法1940号103頁）」金融法務事情1953、67～70頁。

黒崎亜弓（2012）「仕組み債残酷物語　自治体も購入――60億円の為替連動債が塩漬け　兵庫県朝来市が陥った泥沼」エコノミスト90-10、48～49頁。

黒崎亜弓（2012）「仕組み債で元本が目減り――朝来市がSMBC日興を提訴」エコノミスト90-31、84～85頁。

小林信宏（2010）「地方公共団体の公金運用――債券での運用に関する諸論点」地方財務675、19～29頁。

小西砂千夫（2010）「自治体の公金運用について特に注意すべき点」地方財務675、2～10頁。

佐野修久編（2009）『公有資産改革』ぎょうせい。

週刊ダイヤモンド編集部（2012）「大手証券が背負う十字架――証券会社がひた隠しにする仕組み債巨額損失の全容」週刊ダイヤモンド100-11、44～47頁。

中務嗣治郎（2012）「公有地信託における受益者に対する費用補償請求権と受益権の放棄」金融法務事情1940、88～94頁。

中山徹（1995）『検証・大阪のプロジェクト――巨大開発の虚像と実像』東方出版。

日吉淳（2002）「補助金を活用した不動産の処分方法と遊休不動産の活用方法」地方財務578、45～55頁。

吉本佳生（2009）『デリバティブ汚染――金融詐術の暴走』講談社。

吉本佳生（2012）「仕組み債残酷物語　仕組み債を知る――株価や為替に連動　相場下落時には元本損失も」エコノミスト90-10、46～47頁。

若生幸也（2011）「公有地信託制度の本質的課題と震災復興における活用の問題点」政策研究（富士通総研）9、12～21頁。

Ⅳ 行政サービスのムダと施策の選別
―社会保障制度を題材に

自治体学会 大阪研究会会員　**山本　正憲**

1 現行社会保障制度の行き詰まりと、地方自治体行政サービスのムダ

　現行の社会保障をめぐる問題点は明確になっている[1]。社会保障の理念である「社会的な支えあい」のシステムが、超少子高齢化社会の進展で維持が困難になっている。第1に、社会保障給付費の推移は年金・医療・介護等の3分野の伸びが顕著になっており、高齢者給付に著しく偏ったものとなり、第2に、世代間の負担と受益の関係も極めて格差の大きいものとなっている。

　ただこうした問題点の背景として、社会保障制度全般に言えることであるが、主に国による制度設計が場当たり的な対応を繰り返してきた結果、その影響が財政力の弱い自治体や町村に大きな財政圧迫となっている。

　たとえば、国民―住民から見れば、年金を除く社会保障サービスは、その財源の区分を意識することなく実施主体は地方―自治体が行っている。しかし、言うまでもないことであるが、社会保障費用は、国からの補助事業と地方（自治体）単独事業に分かれる（**表1参照**）。この区分を認識しておくことは、施策のあり方を考える際に重要なこととなる。国からの補助事業であっても相応の負担が自治体には課せられ、単独事業となれば自治体が自らの制度設計を問われることになるからである。

　そして、本稿の目的である、自治体を主にした社会保障の分野でのムダの追及である。"聖域"とされてきた、この分野にはムダはないのであろうか。いや、むしろ大きなムダが存在している。第1章で語られた「明白常識的ムダ（見えるムダ）」と「曖昧実質的ムダ（見えないムダ）」の定義に従うと、様々なムダが見えてくる。ここでは、自治体行政に限らない、社会保障のムダをアクター別（政府・自治体・事業者や住民）に典型例（**表2参照**）を例

Ⅳ 行政サービスのムダと施策の選別―社会保障制度を題材に

示する。

表1 社会保障サービスにおける補助事業と地方単独事業の例

項目	補助事業	地方単独事業
予防接種	予防接種による健康被害（国1/2）	予防接種自体（インフルエンザ等）【1,110億円】
がん健診	子宮頸がん、乳がん（国1/2）	胃がん、肺がん、大腸がん等【970億円】
保健所経費	肝炎検査、HIV検査等特定業務（国1/2）	一般的保健所経費【2,630億円】
母子・乳幼児	母子手帳・乳幼児家庭全戸訪問、妊婦健診（9回分）（国1/2）	妊婦健診（5回）・乳幼児健診【850億円】
児童福祉	子ども手当（国定率負担）、児童扶養手当（国1/3）	児童相談所【350億円】、乳幼児医療費【2,400億円】
保健所経費	私立認可保育所（1/2）	公立認可保育所、認可外保育所、保育料軽減【9,700億円】
老人福祉施設	特養、老人保健施設の入居費用（介護保険施設）（保険料50％、20％）	養護老人ホーム、軽費老人ホーム等【800億円】
障害者医療	自立支援医療費（特定の医療費を自己負担1割水準まで軽減）（国1/2）	その他障害者医療費【2,150億円】
生活保護	生活保護扶助（国3/4）	福祉事務所（ケースワーカー等）【750億円】
国民健康保険	国・地方の定率負担（保険料50％と国43％）	保険料軽減【3,670億円】

注 地方単独事業の金額は、総務省調査による平成20年度決算値
出典：H23年5月23日　政府・与党社会保障改革検討本部検討会議　片山総務大臣提出資料　www.pref.aichi.jp/cmsfiles/contents/0000045/45648/zaiseijoukyou2.pdf

表2 社会保障のアクター別ムダの典型例

アクター	明白常識的ムダ（見えるムダ）	曖昧実質的ムダ（見えないムダ）
政府	年金保険料の横領 旧社会保険庁の不正免除	高齢者（投票者）に偏った政策 世代間給付と負担の不公平
自治体	職員による生活保護費等の横領 各種収賄事件	各種サービスの施策選択未工夫等 各種社会保険料の未徴収
事業者や住民	貧困ビジネス・不正保険請求（事業者）、生活保護費や年金等不正受給（住民）	行政サービスへ過剰な依存（住民） 出来高払いの保険制度（事業者）

　社会保障の分野のムダは、上記の区分からすれば、まず政府の見えないムダ―政策的配慮の部分の過去からの積み重ねや現状維持が何よりも大きいであろう。また、事業者への見えないムダ―医療保険が典型であるが、出来高払いの診療報酬体系があり、金額的には大きなムダを起こしているといえるし、住民が現行の政府が制度設計した社会保障施策を当然と受給する意識が蔓延していることも大きなムダかもしれない。

　こうして考えると、社会保障の自治体行政サービスのムダは、施策・事業レベルの具体的設計が第一であり、また第二にはその運用実態や職員の規律やモラルに関するものが多くなることになる。

　次の第2節では、公的医療、介護保険、福祉―生活保護の各分野に別けて自治体行政サービスのムダ課題を抽出・分析し、最終第3節で当該分野のムダ淘汰の処方箋を提示することとする。

2　社会保障各分野[2]別ムダの考察

(1)　公的医療

Ⅳ　行政サービスのムダと施策の選別―社会保障制度を題材に

　自治体が扱う公的医療は、現在一定の地域を範囲とする地域保健としての性格を有する国民健康保険（以下「国保」、運営保険者は市町村）と、75歳以上の後期高齢者医療制度（以下「後期医療」、運営は都道府県単位の市町村広域連合）が主なものである。今回は、国保を中心に論考を行う。

　さて、国保の抱えている制度設計の上の課題（ムダ）と運用上の課題とはなんであろうか。ここでは、「ムダ」だけというより「問題点と課題」という点で、鹿児島県霧島市の国保を題材に見てみよう[3]。

　制度設計上の課題1は、国保の構造的問題点（赤字体質）として社会的弱者が主構成員となっていることである。霧島市では、国保加入者の8割を年間所得200万円以下の層が占めている。また、市町村単位の保険は、規模という面から適正なのかが疑われる。

　課題2は、医療費増大の構造である。課題1で「入り」の部分が収入減となっているのに、「出」の部分は高齢化で確実に増大しているが、その一人当たり医療費の増大が構造的赤字の大きな要因となっている。

　課題3は、国の減量経営的補助金の大幅削減である。国保は各自治体に対して総医療費総額の45％を補助金として支出されていたが、1984年から38.5％に削減。さらに、1988年には保険料法定減額の施策に対して、75％補助があったものがやはり50％へと削減された。また国保保険料収納率の低い市町村に対して補助金を減額することは現在強められている。霧島市の場合収納率が89.49％（2007年度）で全国平均90.49％（2007年度）と1％低く、ペナルティーとして、国保財政安定調整交付金が同年度で9,510万8千円カットされている。

　制度運用上の課題1は、自治体自身の財政規律に関するものである。要は保険財政は特別会計なのに、基金や一般財政からの繰り入れが安易に行われていることである。霧島市では2005年度の法定外繰入金はなかった。しかし、全国の市町村合計で2005年度で総額3,858億3,500万円が一般会計から国保財政に繰り入れされている。保険料の値上げを抑えるためであろうが、これでは「特別会計」の意味をなさなくなる。市町村が努力し

なくても繰り入れすればよいという態度では、市民負担と行政責任の関係があいまいになり、多大なムダの発生となる。

課題2は保険料の滞納徴収である。自治体及び被保険者側双方に問題がある。保険料の滞納は国保の運営を困難にするばかりか、国の交付金カットも招きさらなる問題を増幅させる。霧島市での滞納額は11億4612万円（2007年度）であり、滞納者305件に「資格証明書（滞納1年半を超えるものに発行し、医療機関受診時には10割を払い、国保窓口で7割の還付請求を行う）」を発行している。滞納制度の問題は、「払いたくても払えない」層と「払えるのに払わない」悪質者への区分した対応である。きめ細かな技術的な側面の強い問題である。

(2) 介護保険

種々の社会保障制度の中でも、平成12年に制度が発足した介護保険制度は、社会保険方式と公費（租税）負担がバランスを持った制度である。また硬直的かつ権威主義的な措置制度から、行政（基礎自治体）は制度の一保険者となり、多様な市民や事業者・団体が対等な関係を持つ契約制度へと日本の福祉サービス提供体制を転換させた「社会福祉基礎構造改革」を端的に反映した制度でもある。

では、介護保険制度におけるムダとはなんであろうか。介護保険は、年金が年額18万円以上ある被保険者からは年金から保険料を自動天引きすることが法令で定められており、保険料徴収をめぐるムダは他の医療保険ほどではない。

問題は、事業者と自治体の双方に見られる。

介護保険は制度運用上の問題から指摘を行う。

事業者サイドのムダでは、何といっても保険不正請求であろう。膨大な不正請求事件を起こし、全国で事業廃止となった「コムスン事件[4]」をはじめとして、介護保険不正請求事件は、現在までも多く発生している。ま

た「不正請求」とも関連するが、いわゆる「貧困ビジネス」も介護保険を食い物にする悪徳事業として大きなムダを生んでいる。

「貧困ビジネス」とは、ホームレス・生活保護受給者や派遣・請負労働者などいわゆる社会的弱者を主たる顧客とするブラックビジネスのことである。例示をすれば、業者自らが用意した簡易アパートや住宅に、住む契約を顧客と交わす。そして、生活保護申請と介護保険の要介護認定を同時に申請して、家賃（全額）そして生活保護費の一部を（「手数料」として）徴収し、また介護保険サービス提供を関連事業者に行わせることで、保険者から保険者負担分（9割）を手にする。さらには不要・不当な金額の介護保険住宅改修を行わせたりすることもある。放置できない事象である。

一方で、自治体サイドにムダはないのであろうか

まず考えられるのが、各種事業者の事業請求内容に対するチェック体制の不備である。不正請求に対しては、明確な証拠がなければ自治体と言えども一方的な立ち入りや指導などはできない。さらに問題は、介護保険請求システムで、医療レセプトチェックのようなチェックシステムが全国的には存在しないこともあるだろう（もちろん医療チェックが完璧ではないが）。多くの自治体は、「適正化対策事業」の名のもとに、ごくわずかな職員しか、不正請求に対応できていない。

さらに重要なのが、自治体の介護保険施策設計（特に市町村事業部分）の貧弱さである。これは必要なサービスを提供できていないという意味でのムダである。おりしも、厚生労働省は「要支援」者向けサービスを2015年度以降、介護保険制度から切り離し、独立した市町村事業とする改革案を提示した[5]。これまで国が提示していた提供サービス内容や価格、利用者の負担割合を、市町村の裁量で決められるようにするのが柱である。言うまでもなく介護事業者にとどまらない、ボランティアやNPO等もサービス提供主体として、コストの削減を図ることになる。これに対する自治体の対応は待ったなしを迫られている。

(3) 福祉―生活保護制度

　福祉分野は生活保護制度を中心に論を進める。それは言うまでもなく「福祉の最後の砦」であるという国民のナショナルミニマムを維持する重要な制度であるからである。

　生活保護は、生活に困窮する国民に対し、その困窮の程度に応じて必要な保護を行うとともに併せてその自立を助長する制度である。内容は生活扶助、教育扶助、住宅扶助、医療扶助、介護扶助、出産扶助、生業扶助及び葬祭扶助の8種に分かれている。これらを非保護世帯の必要に応じ、単給または併給として行われる。平成21（2009）年度の生活保護費は約3兆3,296億円であり、内訳では、47.2％が医療扶助費、34.7％が生活扶助費、15.0％が住宅扶助費である。生活保護受給金額は過去最高を更新し続けている。

　さてムダを順に、自治体の運用上のムダと事業者と受給者のムダに別けて論ずる。

　自治体の事業運用のムダとして、最近目に付くのが職員による生活保護支給金の横領・詐欺事件である。福岡県中間市では、30代から40代の現役職員が受給者とも示し合わせて、約1200万円の虚偽支給金を受け取り2013年6月3日詐欺罪で起訴され、同日全員懲戒免職処分となった[6]。さらに千葉県市原市では、職員が保護費約700万円を横領して2013年7月23日付で懲戒免職処分となった[7]が、こうした例は非常に増えている。

　そして受給者・事業者のムダである。まず受給者関係である。「生活保護不正受給」の言葉が社会的に大きく取り上げられたのは某芸能人の母親が受給者であったことからである。ある国会議員からの強い批判がさらにその動きを強めた。一方で、それに対しては"不正受給は全保護費のわずか0.4％にしか過ぎない"、"生活保護受給者パッシングだ"という声も聞かれた。筆者はいずれの意見も一側面しか見ていないように思える。

では生活保護について、自治体の制度設計の問題とはなんであろうか。

生活保護受給者の中で高齢者の割合は大きく、彼・彼女らに自立を促すのは困難である。また全受給者に疑いの目をかけるのは言語道断ではあるが、「発覚した不正受給」が0.4％であることも考慮しなければならない。つまり発覚していない不正受給の存在可能性である。さらにより問題は、生活保護基準以下で生活している多くの国民の存在である。持家が有るものや、あるいは世間体を気にして保護申請をためらってしない者が多数にのぼり、隠れた膨大な生活困窮者がいるのである。であるならば、病気や解雇等で受給者となっている若年層への就労―自立は極めて大きな問題点である。

事業者指導のムダとして、なんといっても生活保護費の半分近い医療扶助をめぐる医療機関の不正請求事件（見えるムダ）や過剰診療（見えないムダ）であろう。奈良県での生活保護者の不要な手術・診療事件が最近騒がれたが、これは繰り返されてきたムダである。また受給者もからみ、過剰な薬の投薬が、転売されている事件も伝聞するところである。この分野の対応策が何よりもムダの排除の決め手となろう。

3 社会福祉各分野のムダ対処の処方箋

自治体における公的医療、介護保険及び福祉―生活保護制度のムダ問題に対する処方箋を記す。そのための前提となるフレームが必要となる。そのフレームは自治体ガバナンスの強化から導かれるものである。

ここから第2節で浮き彫りにした社会保障3分野の、ムダをいかに無くし自治体ガバナンスを向上させるか考えてみたい。

表3　自治体社会保障ムダ対処のフレーム

対象	対処の基本
施策・事業	施策・事業の取捨選択、事業運営の工夫と改善
首長・当局	責任者としての自覚と今後の自治体運営策の展望提示
職員・組合	業務プロとしての自覚、法令順守義務の徹底
市民・事業者	市民連帯—共助の展開、法令順守義務の徹底

　第1の、公的医療である。国保についてムダ対処を記す。

　国保であるが、まず政府施策の負担の面で、政治配慮から1割となっている70歳から74歳について法令基準通り即座に2割負担とすることである。もはやこれは政治・自治体・国民三者の怠慢でしかないムダそのものであり即座になくせるムダである（平成26年4月1日から2割負担となった）。

　次に、医療費増大への対応である。高齢化自体は止めようのない事実であるが、有病率や病院受診率は全国の自治体で大きな差があることはよく知られるところである。たとえば長野県は医療・保健活動の成果により、老人保険料の低さが平成3年以降ずっと日本一である[8]。自治体レベルで大事なのは、地道であっても、各種検診（特定健診、各種がん検診）の受診率向上策の提示と実行である。また病気発症以前の、普段からのきめ細かい保健指導であり、何も行政のみでやる必要はない。病院や各種介護事業者やNPO、あるいは自治会や個人にもできることである。意識を持ち実行すれば、医療費の削減につながる。

　さらに、国保収納率の向上のため、自治体での徴収員のさらなる拡充を図ることである。現在でも、収納率アップのためにアルバイト等で徴収員が多数雇用されている。彼・彼女らのさらなる能力向上と結果向上のためには、研修体制の充足も大事であるが、身分を非常勤職員並みに引き上げ、さらに収納率向上に貢献したと数字的に認められる者には、報奨金（ボーナスプラス）等を出し、その貢献にこたえるよう自治体は配慮すべきである。

　そして、自治体財政規律のため、国保会計への一般財源からの繰り入れに、

Ⅳ 行政サービスのムダと施策の選別─社会保障制度を題材に

明確な基準を設けるべきであろう。繰り入れをする必要のある国保事業の重点化・明確化は最低限必要であり、自治体と被保険者双方がムダを削る努力の一致点を図るべきである。

また、制度設計として今の市町村を主体とする国保のあり方にも大きな疑問がある。後期医療と同様に、市町村間の財政力の差異を緩和し、安定した運営を図るなら、国保も都道府県単位での広域連合を設立して運営を図ることもムダ削減の妙案だろう。

第2の、介護保険制度の自治体ムダ削減の制度設計再構築の処方箋である。さて介護保険については平成26年6月18日に「地域医療・介護確保法」が成立し、能力に応じた負担（保険料、サービス利用料供に）や要支援者の市町村事業への移管（平成27年4月〜）等の費用削減策が打ち出されている。

ここでは、大阪府堺市の事例[9]を参考に述べてみたい。堺市は大阪府下2番目の841,343人（平成25年8月1日推計）の人口を有する政令指定都市であり、行政区として7つに区分されている。介護保険の組織体制であるが、本庁部門は、主管課の介護保険課と事業者登録や指導を主たる任務とする介護事業課の2課に分かれている。窓口職場は、各区の福祉事務所（保健福祉総合センター・地域福祉課）に属する7係がある。

堺市でも、全国的な介護保険の変化の状況も踏まえながら、独自の対応施策を打ち出し、単なる費用削減にとどまらない、サービスの展開を図っているところである。

一つとして、ムダをなくし増収を図るための介護保険料の「支払能力による負担」の拡大─介護保険料所得区分段階の細分化を、既に平成24年4月からの3年度分（第5期）について大阪府下で一番多段階かつ高所得者の負担割合を多く行っていることである。介護保険法では、保険料について基準となる額から、最も低所得者（生活保護者等）がその0.5倍、そして一定以上の所得がある被保険者についてその1.5倍の金額までは基準が示されているが、それ以上の段階の設定は保険者（市町村）の運営判断でできることになっている。

大阪府下では、41の市町村や広域連合が保険者であるが、堺市は年額の第一号被保険者保険料の基準額は年額64,190円であり、上位5番目に位置する。ところが介護保険料の所得段階区分は13の段階を設けており、最高額は141,220円でこれは基準額2.2倍であり、大阪府下で一番多段階かつ高所得者の負担割合が多い保険料体系を取っている。低所得者にも多段階を設定し、少しの所得の上昇が保険料の急激な上昇とならないようにも配慮を行っている。

　二つとして、適正な介護サービスの提供を担保するために事業者届出の受理や実施指導を的確に行えるよう、平成24年4月から本庁課として、従来からの介護保険課に加えて、事業者向け介護事業課を設置している。業務内容は、居宅事業所の事業開始等の許可・取り消しや事業者集団指導の実施、事業所実地検査等を単独課として業務が完結するよう、また給付請求等に不正等があれば、介護保険課とも連携した対処が行われている。大阪府下の市としては初めての体制である。結果としてムダな給付請求が出ないようにするのみならず、事業所の職員処遇が適正なものかといった人的資源の適正な管理にも役立っている。

　三つとして、平成24年度から強化された地域包括支援事業等の地域支援事業を、形だけではない、自治体自身で練り上げられた施策として行っていることである。地域住民やNPO等他のアクターと協働事業をおこなっていくのかという、共助を活用したムダ削減策も重要である。

　例えば、堺市東区の「しらさぎ　夢テラス事業〜高齢者支援と団地再生への試み[10]」（平成25年9月1日から事業開始）を見てみよう。堺市内でも特に高齢化や空き家化が進むＵＲ白鷺団地では、単身高齢者の孤独死の危険性や日常生活自体の困難化（買い物やごみ出し）が進行している。この高齢者支援の担い手を地域から発掘・育成（有償ボランティアを想定）し、地域の高齢者を地域で支えるという体制をまず構築する。さらに近隣の大阪府立大学の学生や留学生との交流や留学生との交流、「ひきこもり」青年に社会経験の場を提供する等、新たな交流を通じて、団地に活気を取り戻し、

Ⅳ 行政サービスのムダと施策の選別―社会保障制度を題材に

さらには高齢者支援を通じて団地の再生をも目指すものである。事業主体は、ＮＰＯ法人と東区保健福祉総合センター地域福祉課であり、事業は始まったばかりであるが、サービス利用もボランティアも、無料ではなく一定の費用負担や報酬（もちろん低廉であるが）を支出することが肝要であり、適正な高齢者支援を行うことにより、行政一本の介護保険サービスからきめ細かいムダを減らす地域支援事業を行うことになる。

もちろん堺市も全ての施策事業がうまくいっているわけではないであろうが、上記三点は、自治体のムダ低減への施策選択の一例と言えるだろう。

第3の、福祉―生活保護の自治体ムダ削減の処方箋である。
前節で課題を指摘したが、生活保護行政が、被保護者の"監視役"となるような短絡的対応ではなく、職員研修や施策展開でムダやコスト縮減を図るべきである。

まず職員による保護費の横領・詐欺事件への対処である。これは職員個人の資質に問題があると言えなくもないが、筆者は自治体の公金の取り扱い組織体制の甘さに要因があると思慮する。保護費の口座振り込みは増えているが、被保護者との面談等での現金支給もいまだ多い。また内部での公金支出チェック体制の甘さである。複数職員による公金支出チェックの体制や、ライン職による出納状況の実地確認など金融機関では当然のことが、まったくと言っていいほど事件があっても取られていない。人員削減体制云々など理由にはできない。公金の取り扱い要領を根本的に明らかにし、公開し、第三者機関での検証を受けるべきである。

ただ、「職員人員体制」が大幅に貧弱であることも周知の事実である。生活保護現業員（ケースワーカー）は持ちケース数が法定されているが、昨今の保護率急上昇にさほど対応できていない自治体が多い。大阪市・堺市をはじめとする自治体では、3年間の任期付き正規社会福祉職員を大量にケースワーカーとして採用するが、付け焼刃的対応であり、若年層の就労者には見通しのない職に映る。自治体は、過去の団塊世代や「福祉の時代」での大量採用の負の側面を恐れているのであろう。しかし、社会福祉職の

正規採用増加は、生活保護に限らず、今後数十年かかる高齢者福祉や児童・子育て対応にも長期戦力者として欠かすことはできないはずである。有期雇用はむしろ、ベテランケースワーカーの再任用制度を活用するべきであり、正規職員の拡充のほうが不正受給への長期的対応にも有効であろう。

次いで、生活保護を食い物にする悪質貧困ビジネス対策である。介護保険等の制度とも連動しているが、公費負担をむさぼる悪質なブラックビジネスである。しかし、医療扶助が典型であるが、レセプトをいかに厳密にチェックしても、被保護者と事業者と被保護者（つまり「事業者のおかげで生活保護を受けるようにしてもらったと恩義を感じる者等」）が口裏合わせをして、架空診療を行えばこれは書類上では見ぬけようがない。そして、適法・適正な手続きを行っていれば、貧困ビジネスが絡んでいると思われても、それだけでは生活保護やあるいは介護保険の給付を止めるわけにはいかない。要は、様々な手段を使い、実地調査や関係者からの継続した調査等の地味で時間のかかる労力を使わなければ不正は見抜けないし、ムダを減らすこともできないのが実態なのである。

また、過剰な診療費用低減のため、大阪府東大阪市は「かかりつけ薬局」義務化を打ち出した[11]。過剰な薬の処方を防ぐため、各受給者が薬を受け取る薬局を1カ所に限定する。こうした地道な取り組みこそムダの削減に確実に寄与するものであろう。

そして、ムダ削減の「本筋」である受給者減に向けた現実的な施策の実施である。それは就労自立に向けたインセンティブの一層の明確化である。2005年から全国で生活保護受給者の自立支援プログラムが実施され、就労自立に向けた取り組みが強められている。トライアル雇用やハローワークにおける就職支援ナビゲータの援助等が行われた。しかし、若年者に偏った対象限定や、機能しない就労基礎控除額の少なさが指摘[12]されている。筆者は、就労に伴う各種控除を大幅に増加させる「負の所得税」機能を拡充することが極めて重要と考える。若年層に限らず、ひとり親世帯の母親の就労意欲の増大を図るには、こうした大幅な控除額を認めるとともに、

Ⅳ　行政サービスのムダと施策の選別—社会保障制度を題材に

自立に向けた一定の資金プールも制度として認めることである。

　あと、自治体として法定受託事務として行っている生活保護事務は生活保護費の地方負担分は、当然地方交付税で措置されることとなっている。ところが大都市では、標準的行政を基本とする交付税算定において低い額が算定される傾向にある。具体的には大阪市の場合実際に負担した額と比較すると、地方交付税で措置された額は150億円不足している[13]。西成区あいりん地区の存在等の特別要因などは考慮されていないため、政令都市市長会とも共同して生活保護の交付税算定の拡充を訴えているが、これも重要な施策拡充としてあげられよう。

　最後であるが、政府の社会保障制度改革国民会議は、2013年8月6日に安倍首相に改革案を提示した。所得資産能力に応じて社会保障負担を行う視点を明確にうちだしており、医療、年金、介護、子育ての4分野ごとにその改革案を提示した。国民健康保険の都道府県移管など、筆者が同意できる内容も多い。しかし、いかに制度設計を打ち出しても、自治体や市民レベルで、ムダなく適正な事業やサービスができなければ意味はない。自治体は、社会保険の施策・事業の取捨選択やサービス内容の自主的な展開（例．介護予防サービスの市町村事業移行に伴う事業実施）を迫られる。これまでのようなムダを出すことを控え、運営にも受給者にも適正な事業を行うことが一層求められるのである。

出典

(1) 厚生労働省ホームページ http://www.mhlw.go.jp/seisakunitsuite/bunya/hokabunya/shakaihoshou/dl/05 等
(2) 今節（公的医療と福祉―生活保護制度）の制度解説の部分は、社会保障入門編集委員会編（2013）『社会保障入門2013』中央法規出版等の記述を参照した。
(3) 続　博治（2009）「国民健康保険の問題点を考える―市町村国民健康保険税の現状と問題点　自治体の果たす役割」www.synapse.ne.jp/aunion/kokuho%20kangaeru%202.pdf
(4) 読売新聞（2006年12月27日）
(5) 毎日新聞（2013年8月24日）
(6) 産経新聞（2013年6月3日）
(7) 産経新聞（2013年7月23日）
(8) 「長野県における医療・保健活動―現地調査―」『レファレンス』（平成16年2月号）109項　www.ndl.go.jp/jp/data/publication/refer/200402.../063705.pdf
(9) 堺市ホームページ　http://www.city.sakai.lg.jp/kenko/fukushikaigo/kaigo/index.html　等による。
(10) 堺市ホームページ　http://www.city.sakai.lg.jp/kurashi/chiiki/shimin/shinkoukyou/index.files/kishakaiken.pdf
(11) 産経新聞（2013年6月12日）
(12) 宮本順子（2009）「生活保護制度における就労支援の有効性と生存権の保障」『香川大学経済政策研究』第5号（通巻第5号）103項―106項
(13) 大阪市ホームページ　http://www.city.osaka.lg.jp/fukushi/page/0000091680.html#25

V 公共投資のムダと費用効果

甲南大学名誉教授 髙寄 昇三

1 公共投資のムダの背景

(1) 公共投資誘発の要因

　地方財政が、平成不況で疲弊し、減量経営の最中にあっても、公共投資（基盤整備・箱物建設）は、行われている。もっとも必要な道路整備・公共施設は、整備しなければならいが、ムダな投資が多いことは、否定できない。

　地方財政における公共投資（投資的経費）は、23年度決算では、13.3兆円であり、扶助費12.0兆円より大きい。さらに公債費12.9兆円のうち、財政対策債などをのぞく、半分は公共投資債である。さらに物件費8.8兆円の半分も、公共施設の維持管理費などであり、公共施設は、建設費だけでは、すまないのである。

　地方公共団体の公共投資は、一般的に想像されるより、はるかに巨額である。公共投資は、道路などの基盤整備と、会館などの公共施設に分類されているが、包括的にみると、**表1**のように、さまざまの施設が該当し、これらの装置・施設は、職員と同様に、一度、建設すると、維持管理費がいり、老朽化すると、改修費がいり、最終的に処分費がいる。

　公共投資の検証が、近年、提唱されるのは、ムダな施設が、多いこともあるが、その維持管理費が、膨大と見込まれるからである。包括的にみると、自治体は、まさに施設管理・経営の複合団体とえる。

　第1に、社会基盤施設として、典型的な道路・港湾・ダムなどがあり、道路なども多くは、耐用年数がきており、将来、建設より老朽道路の補修のため、おおくの財源が、食われることは、眼にみえており、放置すれば、大惨事にもなりかねかい。

　建設費は、建設時に十分検討され、補助金がなく、一般財源負担が多いと、

V 公共投資のムダと費用効果分析

断念するが、補助金があると、ついつられて建設をしてしまうが、財政的には賢明な選択といえない。全額補助金であっても、建設費はともかく、維持管理費は、将来、膨大な費用負担をもたらすことを、想定すべきである。

それでもごみ処理施設・防災工事などは、これからも建設需要が予想され、自治体は、建設費と維持・更新費という、二重の財政圧迫を覚悟しなければならない。

第2に、社会公共施設としては、庁舎・学校・図書などがある。これらは、行政施設・義務的施設・裁量的施設などに分類できる。

社会公共施設も、老朽化の問題もあるが、市民センター施設などは、過剰気味であるが、一方で福祉施設は、保育所・老人ホームなどは、不足状況である。自治体は、どのような施設を、どれだけ建設するかの戦略はない。

かぎられた財源と増大する、保育ニーズという、状況のもとでの政策的対応が、せまられている。限れた保育所財源のもとで、より多くのサービスをどう提供するか、優れた施策選択が、求められうが、保育所不足が深刻な状況で、中学校の学校給食が、導入されるなど、施策選択に疑問がのこる。[1]

要するに自治体経営が、いわれるが、コスト削減というミクロ効果にこだわり、公共投資をみても、全体としての、マクロの投資方針・運営戦略は、乏しく、個別官庁ニーズとか、個別財源状況とかによって決定されている。公営住宅などは、漫然と補助金行政の枠組みのなかで、建設がつづいている。

公益施設の管理運営については、民営方式・公設民営方式などが、維持運営費は、半分になれば、住民ニーズの充足度が、おなじであれば、2倍のサービス効果があったことになる。

しかし、待機児童の全員解消をめざして、保育所基準を、安易に緩和しているが、保育児の安全性は、棚上げされ、行政サービスの水準が2分の1に低下すれば、量はともかく、安全性という質が問題となる。

一般的に社会公共施設については、まず正確なコスト分析が、不可欠である。自治体のコストには、人件費は、サービスコストに、ふくまれる場合もあるが、施設費は、ほとんどの行政サービスコスト分析の視野に、入ってい

ない。

　さらにコスト中心の分析だけでなく、サービス形態における社会的公正性として、非正規職員への負担転嫁、民営委託による行政責任の放棄などマイナス要素を無視してはならない。

　これは企業誘致における公害発生というマイナス効果の発生と同類の課題である。要するにコスト分析にもとづく、施設・サービスの選別ではなく、公共性の確保が、施策選択の最低化への評価基準といえる。

　第3に、複合収益施設として、社会資本型施設・地域振興型施設・地域開発型施設などに分類できる。これら施設は、収益的施設として、設置されているが、厳密な企業経営的収支で、建設・運営なれていない。

表1　公共施設の類型化

区　分		内　容
社会資本施設	社会基盤施設	道路、ダム、港湾、公園
	社会装置施設	こみ処理施設、下水道処理
	公営企業施設	水道、交通、病院、下水道
社会公共施設	一般行政施設	庁舎職、保健所、土木事務所、各種研究所.
	義務的行政施設	保健所、小中学校、保育所、幼稚園
	サービス的行政施設	図書館、市民センター、消費者センター、公営住宅
	公益的施設	動物園、博物館、水族館
複合収益施設	社会資本型施設	高速道路、外貿埠頭、空港
	地域振興型施設	観光施設、コンベンションセンター
	地域開発型施設	再開発ビル、住宅・工場団地、海面埋立事業

　たとえば、空港でも、事業収支が、赤字であっても、経済波及効果があるので、総合収支では黒字として、建設されている。反対に高速道路などは、プール計算方式で、赤字であっても、政治的配慮から、強引に着工されているが、巨額の債務を考えると、個別路線方式で建設を、計算すべきである。

V　公共投資のムダと費用効果分析

　複合経営施設は、高度成長が過ぎ、経営破綻が、続出しており、自治体は、その残務整理に、忙殺されるだけでなく、巨額の債権放棄、さらには債務弁済を、余儀なくされている。
　全体としてみると、自治体は多くの公共・公益・収益的施設を建設・運営しており、さらに公共投資が、過剰投資となり、経営悪化がひろがっている。要するに高度成長期の施設乱立の跡始末と、既存施設の老朽化になやまされている。

(2) 公共投資誘発の要因

　公共投資のムダが、どして発生するにのか、政治意識の貧困・財政制度の甘さ・市民参加制度の未成熟、情報公開の不十分、公会計制度の欠陥など、さまざまの要素がある。しかし、核心は、政策選択の最適化がなされない、地方制度の設計・運用システムの拙劣さにある。
　公共投資を、決定する要因が、非政策科学的な政治的要因であることが、典型的事例である。無視できないのが、行政実績を誇示する、安易な施策である。福祉施策を、かなりの財源を投入して、少々、保育待機児童数を解消しても、注目されない。文化ホールとか、再開発ビルとか、利益還元型として、首長の評価はあがる。
　もっとも近年では、箱物行政の事業収支の失敗が、選挙には大きなマイナスイメージとなり、今度は、安易な行政サービスのバラマキが、人気を集める、公費浪費のムード選挙が、幅を効かせる風潮が広がっている。要するに施策選別の合理的選択が、できるかである。

表2　公共投資のムダと淘汰の関連

区　分	ムダ発生の誘因	ムダ淘汰の対応策
政治的要素	政治的集票装置	住民投票
経済的要素	投資効果の過大算定	費用効果の分析
財政的要素	補助金の誘導効果	建設の利子・維持費の総合収支
経営的要素	施設維持管理の欠落	施設の事業収支の分析
行政的要素	組織拡大志向	組織増殖の抑止

　まず第1に、政治的要因である。首長などの公共投資濫用である。公共投資は、地域還元型の利益誘導であり、首長・議員にとって、ある種の集票装置である。

　自治体の首長のみでなく、議員・職員さらには、地域住民も公共投資を、優先的に選択していく性向である。公共投資そのものに価値を、見出したわけでなく、「ないよりあったほうがよい」といった、単純な理屈である。

　首長の政治実績の誇示とか、議員の選挙地域への利益還元とか、さらには官僚の事業成果への自己満足とか、本来の公共投資の役割を逸脱し、歪められた行為である。

　ことに東京以外は、地域経済は、低迷しており、地域振興策が、住民福祉の視点からも渇望される。この要望にことたえる、安易な対応が、公共投資を、牽引車とする、地域経済政策で、おおくの場合は、失敗に終わっている。結果として、政策損失をつくろうため、財政破綻を、地方債などで先送りし、政治的にもっとも抵抗力の弱い、福祉・環境などの経費削減を、強行している。

　第2に、経済的要因である。公共投資は、経済成長・地域振興効果が大きいという、先入観である。経済効果だけでなく、雇用創出も、魅力的誘引となっている。

　道路・空港などの公共投資において、政府すら公共投資による乗数効果を、強調するが、乗数効果は、一過性の効果であり、国民経済・地域経済の構造

Ⅴ　公共投資のムダと費用効果分析

改革をなし、経済を再編成するインパクトはない。

　極論すれば福祉行政の生活保護と同様で、生活保護の支給でも、交付をつうじて、消費効果の拡大があり、乗数効果がみられる。要するに公共投資の戦略的価値は、創造的破壊を、もたらすような投資でなければならない。

　おおくの場合、公共投資効果は、地域経済再生などの効果を、追加していくが、たとえば空港を建設して、地域経済が活性化するかは、疑問である。インフラの効果が、じつは本末転倒の効果であり、道路投資でも、ストロー効果があり、流出・流入の差引勘定である。

　本来、地域への誘因である、産業、たとえば観光施設などがあり、その吸引力を、増殖させるかどうかであり、まったく吸引要素がなければ、交通手段の整備は、成功するはずがない。

　もっとも空港を3,000億円で建設して、地域経済効果を別にして、他空港へいく交通運賃・時間節約などの効果が見込めるが、利用客が少なければ、効果は小さく、建設・運営費を、まかなうだけの費用効果はないことになる。むしろ誘因施策としては、コンベンション基金などの誘致策が、より有効性が高くのではないか。要するに施策の選択となる。

　このような杜撰な政治・経済要素による、公共投資を阻止するには、もっとも有効な手段は、住民投票制であるが、アメリカのように、決定権のある住民投票制でなく、議会が否決すれば、それまでである。

　アメリカの地方財政制度のように、地方債発行額に一定の制限があり、大型のプロジェクトには、地方税引上げ、使用料収入、地方債財源、地方税補填などの、建設財源・地方債償還財源を、明示しなければならい。

　要するに施設建設が、住民投票で認可されれば、施設運営に赤字が、発生する余地はきわめてすくない。不確定要素は、使用料収入となり、施設経営マネージャーなどが、重要なファクターとなる。

　第3に、財政的要因である。政府の地方団体への誘導施策である。公共投資に対する補助率引上げ、地方債充当率引上げ、交付税による元利償還補填措置などで、補助金・交付税・地方債の3点セットによる、誘導である。

これらの施策は、中央省庁の縦割りで、奨励されるので、自治体が、全体としての財政運営から、選別することが、できない状況になる。さらにさまざまのキャッチフレーズで、地方団体を、誘発させていった。旧くは新産業都市であり、リゾート開発であり、テクノパークであった。結果として、自治体の正常な政策選択の感覚を、麻痺させてしまった。

　政府の地方財政措置による、誘導政策、すなわち補助金・交付税・地方債の3点セットによる誘導で、財源的魅力に、幻惑されやすい。

　天草市は、23億円で切支丹会館の建て替えを実施したが、財源は、まちづくり交付金が40％、9億円（うち道路特定財源16％）、過疎債60％、14億円（交付税補填10億円、市費4億円）で、結局、4億円で23億円の事業ができる勘定になる。

　建設費が、4億円であっても、維持管理費3,000万円がいるとなると、建設債20年償還として、年2,000万円、維持費との合計5,000万円となる。文化効果は別として、産出効果でみて観光効果だけでは、1人当り3万円とすると、1,666人でよいが、九州・県といった広域ではなく、通過観光では、1,000円程度しかなく、4万9,980人の増加が必要となる。さらに地方財政ベースでの、財源補填効果となると、観光収入の4％前後であり、124万9,500人となる。

　このような一連の地域開発プロジェクトの赤字は、新産都市で海面埋立地への企業誘致がすすまず、膨大な赤字となり、自治体財政を圧迫した。このような赤字で無視できないのが、土地開発公社の赤字である。

　土地開発公社は、土地ブームは最盛期の日本列島改造期に法案（1972年）が、成立し、資金手当てもなされたが、高度成長の下降期にあり、民間資金・用地もだぶつきはじめていた。

　しかし、自治体は、依然として、人口増加・企業集積の夢をあきらめず、公共用地の先行取得・値上がり利益内部化の手段として、土地開発公社を、一斉に設立して、大規模な用地獲得に発した。結果は、死者累々という惨状と化したが、政府施策の失敗のツケである。

もっとも自治体の市民・行政コントロールが、及ばない外郭団体方式につけこみ、首長・議員が、利用価値のない土地を、公社にかかえさせたため、不良行政資産が膨張した。[2]

　第4に、経営的要因である。公共投資が、もたらす費用増加への認識不足である。公会計の非近代化、情報公開の未成熟、費用効果分析の欠落である。費用効果の意識欠落である。公共投資は、建設段階では、プラスの効果のみが、宣伝されるが、建設後は、地方債償還費の負担、施設の維持管理費の圧迫など、マイナスのストックと化していく。

　近年、政府は、手のひらをかえしたように、財政健全化法で、このようなマイナスの資産への分析を強化しつつある。自治体の公会計は、フローの現金会計で、企業会計のストック会計でなく、また単年度主義であり、長期的会計ではないからである。

　財政健全化法は、たしかに制度の近代化をもたらしたが、制度が、近代化されたからといって、施策選択まで、合理的なものになるとはかぎらない。自治体は、今後、低成長のもとで、減量経営を余儀なくされ、行政サービスの削減とともに、公共施設の見直しが、厳しくなりつつある。自治体財政は、マクロの財政経営分析とともに、ミクロの事務事業分析を、浸透・定着させけければならない。

　たとえば今日でも、駅前市街地再開発は、活発である。豊田市では、組合再開発事業が、豊田市など37法人・個人で、2013年8月にスタートした。中心市街地約1.6ha、3棟のビルであり、商業施設だけでなく、住宅・高齢者施設などが入居する、事業費185億円の多目的ビルである。

　これら再開発ビルは、東京・大阪でも、これまで苦戦している。それは一般商業ビルとことなり、従前の地権者が、入居する再開発で、あるからである。更地で建設する民間商業ビルと、基本的ことなる。しかし、自治体などが参加すると、有形無形の負担が、自治体に転嫁される、もたれあいの体質ができやすい。

　かりに建設後、テナントが、100％と入居しても、入居が1年おくれると、

利率3％としても、5.55億円の利子負担となる。まして地権者に有利な条件を提示していこうとすると、より高層化するが、保留床の売却が難航すると、巨額の赤字となる。

今日でも駅前ビルをめぐる経営赤字問題は、建設後、そして建設前をめぐって紛糾している。奈良駅前再開発などである。西宮市の駅前再開発も、テナント退去とかで、苦境に陥っている。事前に事業経営システムを明確にし、事業収支を算出し、それを確実に実施できる、有能な事業プロモーターが必要である。

第5に、行政的要因として、組織拡大志向・セクショナリズムによる行動など、全体を無視した、庁内の行動がみられる。そのため施設の乱立・事業規模の拡大がみられるが、もっとも慎重に対応すべきが、経営形態の選択である。

高度成長期、建設資金調達のための、外郭団体が、おおく設立されたが、外郭団体の経営戦略のための戦略は貧困であった。高度成長期がすぎると、建設型の外郭団体は、経営悪化がみられた。

それは経営システムとしての、制度設計が悪かった。住宅供給公社は、地価が暴騰しても、内部留保を認められず、建設コスト主義で、利益を全部購入者に、還元するシステムであった。土地開発公社も、公共用地の先行取得をみとめるならば、施設建設後、用地買戻しの義務を、購入時点で、自治体と契約するシステムにすべきであった。

制度設計が悪かったうえに、運用システムにおいて、自治体が、管理職ポストのはけ口として悪用した。人材が不適格であったというより、自治体が個別外郭団体への経営方針を、明確に設定しなかったため、高度成長から、低成長への転換期への対応を誤った。

それでも外郭団体は、都市開発利益の内部化・割高人件費の抑制などの成果があったが、経営戦略が、お粗末であった。民間に委託すれば、すべて解決できる問題ではない。土地信託方式は、各地で膨大な赤字を発生している。まず全体的な組織・施設の把握・分析と、再編成へのリストラ戦略を、高め

ていくことである。箱物行政にしても、消極的対応と並行して、積極的対応として、施設の付加価値を高めて、収支の改善を図っていくことである。なによりも卓抜した明確な制度設計と、運用システムを策定することでる。

指定管理者制度で、民間人が成功するのは、従来の経営が、あまりにも劣悪で、割高人件費であったからで、自治体直営方式でも、改革意欲が、あればできたが、経営形態の変更が、改革への布石となっただけである。

大阪市などは地下鉄の民営化として、大阪市が100％持株会社の株式会社化が、実施されようとしているが、制度設計・運用システムが、漠然としいる。初乗料金20円の値下げをめざしているが、市外の利用者が大半であり、経営収支からみると、建設債の償還が、先ではないか。

さらに株式会社化すれば、固定資産税は、市財政へ還元されるが、収益税の大半は、国税・府税として吸収されてしまう。マクロでみれば、地下鉄の黒字で、路線バスを維持する、総合交通体系を、形成していくべきである。

民営化は、国鉄のJR化で、赤字路線の廃止に拍車をかけるだけで、大都市交通にはなじまないシステムで、公営の枠組みになかで、効率化を追求すべきで、それは可能である。

2 箱物行政と費用効果分析

(1) コンベンションセンターの事業収支

箱物行政への非難が激しいが、公益的・公共的施設の評価は、個別施設の収支だけでは判別できない。

岐阜県立飛騨・高山世界生活文化センターを見てみると、敷地面積24.4万㎡、建設費用約121億円、2001年にオープンし、指定管理者制で、現在は運営されている。施設運営費は、2011年度約2.4億円、施設利用料1,800

万円、チケット収入約200万円で、収支不足は、年間2.2億円となる。

　建設費全額自己負担として、施設耐用年数30年として、金利負担ゼロ、30年均等償還とすると、年間約4億円となる。施設運営費との合計は、6.2億円となる。一般的評価は、「箱物行政の遺産。無くても全く困らない。経費ばかり掛かり赤字の垂れ流し」との辛辣な批判が浴びせられいる。[3]

　たしかに施設利用率は、ホール約85％であるが、芸術堂30％、企画展示室一桁以下である。コンベンションホールでなく、多目的施設とした、制度設計に問題がある。それでも、年間利用者数は、06年度37万人、10年度43万人、11年度56万人に増加している。[4]

　問題は施設の波及効果をどうみるかである。11年度でみると、県内消費（交通費ふくむ）は、日帰り者2分の1消費額1人当り1万円で、28億円、宿泊者1人当り消費額13万円で、84億円である。

　県内での消費が全額として、消費額112億円で、地方税収入還元は4％前後であり、4.48億円となる。単純に計算すると、施設維持運営費・建設元利償還費の合計4億円との差プラス0.48億円となる。民間施設であれば、地方税は、直接的税収が、1億円ぐらいは、見込まれるが、公共施設であるので、残念であるが皆無である。

　このようなコンベンションセンターは、文化遺産などが、観光客の誘因効果を発揮するのと同じであり、本来、収益性がなく、間接的経済・非経済効果をどう算定するかである。

　消費効果は、当然、雇用・サービス・生産物購入などで波及効果がり、乗数効果を2とすると、間接的経済効果は224億円にふくらみ、税収効果も8.96億円となる。

　もっとも非経済効果として、岐阜県の知名度アップ、コンベンションによる情報収集・発信効果などがあるが、非経済効果が、事業投資効果として、算入すると無限にふくらむので、算入すべべきでない。

　公益的施設の収支・効果は、民間収益施設のように簡単ではない。個別施設としての事業収支は、本来、赤字であるからで、波及効果を、どこまで見

込むかである。ただ自治体の箱物行政の欠陥は、豪華な箱物にこだわり、運営費などを極端にけちびることである。

制度設計において、コンベンションセンターなどは、コンベンション基金を設置し、コンベンションの誘致を、展開すれば、交通利便のよい大都市、観光資源の豊富な観光地のコンベンションセンターなどは、誘致客の増加は、十分にみこめる。

自治体は、財政・人事・都市計画・衛生・福祉などの専門家は、いるが国際交流・経済振興・財産運用などの専門家は、意図的に育成しなければ、民間に太刀打ちできない。

神戸市が、曲がりなりにもコンベンションシティとして、実績をあげられたのは、コンベンション基金とコンベンション職員に恵まれからである。箱物の建築設計より、運用システム設計が、戦略的にははるかに重要である。

(2) 合併市町村の箱物行政効果

箱物行政のムダで、注目されるのは、平成大合併による箱物行政といわれている。合併特例市交付金で、建設した箱物が多いが。問題は、交付税特例措置である。合併後、10年間は、従来の市町村が、そのまま存続したと、仮定して、交付税が、算定され交付される。その後、5年間で割増分は、段階的に削減される。

香川県さぬき市は、2002年に合併し、11年度決算ベースの割増交付税は約24.17億円、一般財源169.14億円の14.3%になる。この割増交付税が18年度にゼロになっている。兵庫県篠山市は、平成大合併の模範的ケースであるが、合併特例措置を活用して．施設整備(**表3参照**)を図っていった。

表3 兵庫県篠山市合併後施設整備 （単位；百万円）

区 分	整備年度	整備事業費	国県補助金	市債（合併特例債）	その他	一般財源
篠山市民センター	12～14	2,479	811	1,303（1,713）	0	365
篠山市営斎場	11～13	2,064	20	1,942（1,942）	0	102
篠山中学校	14～15	4,006	586	2,588（2,588）	0	832
西紀運動公園	12～15	1,447	0	1,207（0）	113	127
篠山中央図書館	12～14	1,871	0	1,713（1,713）	0	158
チルドレンズミュージアム	11～13	1,826	0	1,713（1,713）	11	102
こんだ薬師温泉農業公園整備	13～15	1,547	377	978（839）	0	192
清掃センター	11～14	10,595	1,361	8,816（0）	0	418
水道広域施設整備	12～18	12,900	4,022	4,623（3,821）	3,821	434
広域道路ネットワーク	11～20	2,231	938	1,223（0）	0	70
合 計		40,966	8,115	26,106（14,329）	3,945	2,800

注　水道広域施設のその他は、一般会計出資金。
資料　篠山市「篠山市再生計画関係資料」

ただ合併関連整備費をみると、総額410億円であるが、合併特例債が143億円あり、一般財源負担は少ない。また合併特例措置による施設のう、中学校・市営斎場・清掃センター・広域道路・水道広域整備は、いわゆる箱物行政ではない。

合併特例による箱物合計は、152.40億円、補助金17.94億円、市債114.44億円（合併特例債105.08億円）、その他1.24億円、一般財源22.96億円である。

これら5施設の維持管理費を24年度決算でみると、中央図書館以外は、指定管理者制度で、運営され、使用料・県補助金以外の一般財源負担は、1億3,972万円であるが、中央図書館5,902万円を除外すると、8,070万円に過ぎない。[5]

問題は、建設費負担で、市債260億円、一般財源28億円の合計288億円であるが、合併特例債の95％が、交付税補填で70％補填されるので、143億円×0.665＝95億円が、補填され、負担額は、一般財源195億円

である。うち箱物行政は、152億円であるが、特例債補填69.88億円で、残余担額は、82.12億円で、補助金を差引すると、64.18億円である。合併特例交付税措置年間80億円があり、箱物行政の負担は、それほど大きくはない。[6]

要するに箱物行政の一般財源負担は、財政悪化の要因ではなく、合併前後の大規模な公共投資で、合併関連事業以外に、下水道整備事業699億円、清掃センター781億円の合併前からの事業である。

合併後の財政悪化の原因は、合併後、11年度ベースでみると、一般行政費が、合併市としてふくらんでいたが、減量化がすすまなかったツケが、10年後の財政圧迫要素となったといえる。[7]

典型的指標が、経常収支比率で、11年度78.8、合併翌年12年度81.5、16年度94.3、20年度99.4と悪化している。なお篠山市の財政は、交付税特例措置が、減少する21年度以降、財政悪化が急速にすすむが、公債費54億円より、交付税減額がより大きい原因ではないか。[8]

むしろ交付税が、20年度93.9億円を、ピークに交付税特例措置が、なくなる25年度77.3億円となり、その後も減少し、30年度59.7億円と推計されている。この事態は、合併直後からわかっており、減債基金を、積み増すべきであったが、19年度3.2億円しかない。

財政再建は、減量経営に委ねられているが、減量経営で、捻出される財源は少なく、財政再建は容易でない。ただ合併による箱物行政が、大きな負担となったという、皮相的常識的見解は、あらためなければならない。

3 公共投資ムダの淘汰

(1) 公共投資ムダの根絶戦略

公共投資のムダを根絶するには、従来からの政治・財政・経営体質の根絶が、不可欠である。
　第1に、政治的には、住民投票による、市民主権方式が考えられるが、上手にいくかである。交付税・補助金の補填比率が高い場合、住民投票制が、形骸化する。また外郭団体方式の借入金方式とか、出資金方式で建設する、脱法的手段を、阻止する方法はない。むしろ当面は情報公開制度を充実して、諮問的住民投票制を定着されることである。
　第2に、行財政的には、公共投資に依存した、地域振興・自治体経営モデルを脱皮することである。政府は、経済対策とか地域振興とか、さまざまの名目をかかげて、無謀な投資を実施してきた。
　最近でも「地域活性化・公共投資臨時交付金」（1.4兆円）などをみると、政府は箱物行政を奨励しているので、必要な施設を厳選して、補助金は利用すべきであるが、安易な事業で、管理運営の後遺症を残さないことである。
　公共投資がもたらす、財政収支を、考えることである。公共投資によって、補助金・交付税補填があっても、自己負担金はさけられない。さらに補助裏補填のため地方債を、発行すると、その元利償還費が、財政圧迫要素となる。自治体・地域サイドにあって、公共施設の機能を、再発見すべきである。内発的発展機能が、十分にみこまれる施設に、新設は限定すべきである。
　第3に、経済的には、公共投資の費用効果分析を、冷静に行うことである。地方財政健全化法（平成19年6月）で、ストック会計的なマクロ分析は発達したが、それが必ずしもミクロのストック管理に連動していない。
　従来の地方財政統計・分析でも、コスト分析（人件費・管理費）などの分析は実施されている。しかし、運営分析はなされていない。施設の維持管理費、施設の利用状況、施設の経営収支である。
　戦略的には、新規施設建設より既存施設の付加価値（バリューアップ）の増殖をめざすべきである。伝統建造物群の保存施策などである。
　第4に、経営的には、既存公共施設のリストラである。耐用年数がきた施設を廃止・統合する。施設への行政需要が激減した施設の統廃合である。

大都市都心・インナーシティ地区の小中学校である。非採算・非効率な公共施設の統廃合である。利用価値のなくなった施設の売却・再利用である。ムダな施設の保有は、いたずらに、財政力を消耗させるだけである。

今後、福祉・医療・環境などの、施設増設がさけられない。生活関連施設であるから、経済・経営問題がないのでなく、維持運営費からみると、より戦略的対応が求められる。

情報を収集し、評価・分析をし、経営形態を選択し、運営システムの有効性をたたかめることである。

問題は建設施策の選択における最適化である。ゆわゆる"誤謬の選択"をさけることである。第1に、経済環境の変化を見極める。成長期の公共投資は、地価上昇．利用者の増加がみこまれたが、安定成長になると、そのような効果はなくなり、むしろ投資によって、既存施設の付加価値を高める戦略が求められる。

第2に、地域・住民ニーズへの配慮である。行政サービスで、単位コスト1,000円のサービスをしても、住民ニーズ充足度は、1,500円、500円とまちまちである。消費者剰余の理論からいえば、市場経済では、価格での選別機能がはたらくが、行政では必ずしも作用しない。

しかし、施設利用者の利用後のアンケートを実施すれば、判明する。博物館で利用料500円であっても、住民満足度が800円であれば、事業収支が赤字であっても、6割の増収があったことになり、赤字解消となる。要するに単純な事業収支だけでは、判断できないのである。

問題は、建設後の維持管理費の経済（economy）・効率（effciency）・効果性（effectivness）である。いわゆる「3Eの原則」の追求である。従来の施策選択の基準は、投入効果（インプット）の経済効でなく、産出効果（アットプット）としての効率性であり、さらに産出効果の有効性（アウトカム）である。

箱物を10億円で、建設できても、立地条件がわると、利用者数（アウトカム）がすくなく、効果は小さい。箱物のコストは同じであっても、経営形態がわるいと管理コスト（アットプット）がふくらみ、単位当りの効果は低下する。

さらに住民ニーズの即応した、サービスをすると、サービスコストはおなじでも、住民満足度は大きくなる。すなわち有効性が高まる。要するに建設コストのみこだわるのは失敗の原因となる。[9]

第3に、経営形態の選択である。一般的傾向は、指定管理者制度など、民間委託方式が主流であるが、民間委託は経費のコストダウンには寄与するが、地域戦略の基本的方針は、あくまで自治体であって、このような戦略が貧弱であるとか、戦略が誤っていると、コンベンションセンターなどの運営は、上手にはいかない。

(2) 公共施設の効率的維持管理

近年、自治体は、全体公共施設を、包括的に分析して、その維持運営のコスト削減を、図っていく動きがみいられる。ことにインフラへの維持・更新の関心が、一挙にふかまったのは、中央自動車道笹子トンネル事故・東日本大震災であった。

高度成長期に建設した、インフラが寿命をむかえて、更新・建設が迫られる事態となった。今後、地方財政において、福祉費とインフラ・施設の更新費とのせめぎあいの激化が予想される。

更新コストは、2013年度で、川崎市895.4億円、松江市93.2億円、岡山県玉野市33.6億円と、都市の大小に関係なく、巨額の支出である。今後、更新費が最大となる年度支出が、名古屋市1,600億円、埼玉県上尾市260億円、宮城県登米市320億円と、気の遠くなる金額である。

現在は補助金・交付税などの政府財政支援措置もなく、自治体財政での余裕もなく、じわじわとしのびよる大災害といえる。自治体は、財政的に途方にくれているのが、偽らざる心境である。[10]

このような深刻な様相を認識して、自治体は、公共施設・インフラの効率的維持管理方針費を、固めなければならない。第1に、公共施設の維持管理費・更新費用の分析が、不可欠の前提条件である。すでのかなりの自治体が、

「施設白書」を作成して、社会資本の老朽化への対応をすすめている。

第2に、箱物の維持管理費の削減である。個別管理・部局管理でなく、全体としての、管理運営システムの形成である。

第3に、公共施設の有効活用で、公共施設を有効活用をして、維持管理費の捻出を図っていく、積極的管理である。

第4に、公共投資の選別化と政治要素などの抵抗で、要するにムダな施設をこれ以上建設させないことである。

神奈川県秦野市（人口17万人）は、2008年に「秦野市公共施設白書」を作成し、今後、40年間で、箱物の大規模改修・更新で、5年ごとに年間約24から209億円の事業費が必要と推計している。

新しい箱物はつくらない、新設する場合は、既存施設の更新をやめる。新規更新施設の優先順位を決定する。これら方針で、今後、40年間で29％削減できれば346億円の財源不足解消となるが、最初の10年間の削減面積は1,300㎡で、今後、40年間の更新面積の1％に過ぎない。

より積極的な公共施設管理・運用としては、青森県が導入しているファシリティマネジメントがある。県レベルになると、県有施設（2009年度末4,143棟、延床面積約212万㎡）は膨大で、しかも老朽施設が多く、半数が30年以上で、維持管理費が巨額であり、更新時期がせまりつつある。

そこで庁内ベンチャー制度で採択された、企画がファシリティマネジメント（FM）で、「施設・設備等をはじめとする財産を経営資産と捉え、経営的視点に基づき、総合的・長期的観点からコストと益の最適化を図りながら、財産を戦略的かつ適正に管理・運営していくこと」[11]といわれている。具体的対応として、3つの対応策があげられている。[12]

第1に、「保有総量縮小」で、施設アセスメントの実施・施設の利用活用・利用調整・不動産売却の促進などである。

第2に、「効率的利用の推進の取組」で、職員公舎の集約・共同利用・執務スペースの標準化・庁舎等の余裕スペースの貸付などである。

第3に、「長寿命化の推進の取組」で、施設整備方針等の策定・施設維持

管理業務適正化・普及啓発活動・施設情報システムの整備などである。このようなファシリティマネジメントで、削減額は、2005年約1.1億円、2006年度約1.5億円である。

より経営戦略的管理方式として、欧米で活用されている「リアルエステートマネジメント」（REM）がある。さらにこの手法を公共部門の適用した「パブリクリアルエステイトマネジメント」（PREM）がある。「フローを中心とした政策資源の配分を、ストックもふくめて最適化しようとする動き」[13]と説明されている。

具体的実践事例としては、横浜市の資産活用基本方針では、「公共用地の売却にあたって、保有資産の公共性・有用性・市場性などの価値に着目した分類を行い、カテゴリー別に地元利用、一時貸与、民間売却、用途転換、定期借地権設定、公民連携などの処分方針を定めている」[14]と紹介されている。

公共施設の管理運営の民営化と、どう対応するかである。第1に、自治体には財政課があり、管財課があり、公共投資・公共施設の決定をしているが、それらの施策を判断する政策セクションは欠落している。企画課はあるが、本来の政策セクションの機能を十分に発揮していると思えない。

第2に、資産の有効活用は、命名権の売却である。球場から歩道橋、さらには公営バス・封筒に広告を掲載して、収入をえる方式である。公共施設の物的資産管理から、経営的収益化と、重点は移行しつつある。

自治体は、職員の採用・給与の支給などでも、きわめて杜撰であるが、公共投資での同様である。建設時に十分の立地とか、利用予測などを調査せず建設し、利用率の低迷と、維持管理費の重圧に喘ぐという、パターンのくりかえしである。自治体経営における、政策形成・施策選択の最適vのための能力を、磨くことが、なによりも有効な減量化への秘策であることを銘記すべきである。

V 公共投資のムダと費用効果分析

注

1 河村名古屋市の減税施策をみると、一律減税で高所得者層への恩恵が大きいが、もしこの減税財源で、保育所を建設・運営すれば、3分の2の建設・運営費補助があるので、3倍の財源分の保育所サービスができる。自治体の経営戦略としては、後者の選択が、市民にとっても、よりのぞましい選択であるはずである。

2 自治体の状況は、南足柄市では、公社保有の約8割約12万㎡（65.5億円）の用地を、市が買い取らず、10年以上も不正使用しており、公社財政を圧迫していた。市は毎年2.7億円で買い戻しをはじめたが、借入金の金利にもならない。結局、「三セク債」61億円を発行した。滋賀県栗東町は、公社土地保有額188億円で、標準財政規模131億円を上回っている。結局、「三セク債」約160億円を発行し、公社解散を決定している。大阪府交野市は、公社土地保有額ピーク時368億円で、標準財政規模139億円を上回っている。毎年7億円で公社用地を買い戻しているが、公社借入金利子2.5億円で、なかなか公社会計は健全化しない。「三セク債」発行も、必要額180億円で、実質的赤字比率が、20％を公営、財政再建団体に転落する恐れがり、苦境にたたされている。「三セク債発行特例設けても残る土地開発公社の課題」『週刊ダイヤモンド』2013.7.20。なお土地開発公社については、山本節子『土地開発公社』築地書館、1999年がくわしい。

3 朝日新聞1013.2.19、岐阜版。

4 近年、県立施設で着目されているのは、福井県の県立恐竜博物館で、開館年度の200年は70万人であったが、その後、20万人まで低下したが、06年の恐竜ブームで、10年度からは、3年連続で50万人をこえている。県としても博物館の所管を、観光営業部に移管し、職員らが首都・関西圏への積極的PRにつとめた結果でもある。

5 篠山市民センターは、立杭陶の郷・王地山陶器所など伝統工芸を併設しており、市民文化活動の拠点で、歳出4,634万円、収入634万円、一般財源4,445万円である。陶芸伝統工芸利用者数7,1413人（使用料収入554万円）である。西紀運動公園は、歳出2,119万円、篠山中央図書館は、歳出6,413万円、県補助金367万円、その他収入144万円、一般財源5,902万円である。チルドレンズミュージアムは、24年度決算825万円、その他収入11万円、一般財源814万円、こんだ薬師温泉農業公園整備1,083万円、県補助金391万円、一般財源692万円である。なお篠山市営斎場（歳出4,965万円、使用料収入1,845万円、一般財源3,120万円）、清

掃センター（3億9,293万円、その他収入2億1,675万円、一般財源1億7,7618万円）は、一般行政施設であり、箱物行政の部類には該当しない。

6　合併にともなう交付税特例措置は、合併後10年間は、合併しなかった場合の普通交付税が保障され、その後、5年間は激変緩和措置をくわえながら消滅する。建設費特例措置は、特例債で建設費95％をみとめ、その元利償還費の70％を、普通交付税で補填、また市町村振興基金費も、地方債95％充当、普通交付税補填70％である。篠山市は、合併特例市債を11～19年度で154.68億円発行しており、交付税補填102.86億円をうけている。合併前10年度交付税62.58億円、11年度71.59億円で、約90億円の増額となる。19年度81.06億円で、この間、年間90億円の増額補填をうけており、9年間で810億円の巨額となる。箱物行政負担の80億円は、さしたる金額でない。なお篠山市の合併前後財政は、高寄昇三『地方財政健全化法で財政破綻は阻止』できるか』（公人の友社、2008年）参照。

7　机上演習的には、篠山市（12.3現在人口4.7万人、財政力指数0.47）の交付補填措置84.6億円は、大きくかった。同規模の京都府綾部市（人口3.9万人、財政力指数0.47）は交付税56.7億円、山口県萩市（12.3現在人口4.7万人、財政力指数0.49）は、交付税59.2億円で、篠山市は25～28億円多い。交付税優遇措置は、10年間つづくが、この間に公債費削減することは不可能で、さりとて人事費52億円が、削減できるかであるが、正規職員削減の困難であった。ちなみに綾部市人件費37億円、萩市34億円であった。結局、地方債負担が現況となるので、合併特例債による基金造成措置が、建設債と同様の優遇措置でみとめられているが、基金で合併関係町村の合意形成が．不可能というジレンマがある。

8　公債50億円というが、建設債1,089億円のうち、水道事業120億円、簡易水道50億円、道路20億円、合併前の下水道669億円、清掃センター78億円937億円で、施設整備費152億円に過ぎない。中学校40億円・火葬場20億円を差し引きした、箱物行政債は92億円にすぎない。

9　高寄昇三『新地方自治の経営』13頁参照。

10　「都道府県・市区のインフラ老朽化調査（上）」『日経グローカル』NO.217 2113.4.1

11　駒井裕民「青森県のファシリティマネジメントの導入と展開」『月刊自治フォーラム』2011年3月、28頁。

12　同前30～33頁。

13　中川雅之「新しい公的資産管理とはなにか？」」『月刊自治フォーラム』2011年3月、5頁。

14　中川・前掲論文10頁。

VI 自治体アウトソーシングの
　　　失敗（ムダ）と処方箋

前（公財）神戸都市問題研究所主任研究員　**大島　博文**

1 はじめに

　自治体におけるアウトソーシングは着実に広がっている。アウトソーシングとは、業務上必要とする資源やサービスを外部から調達することである。自治体はアウトソーシングによって多大な成果を出しているが、残念ながら報道等によると少なからず失敗事例があることが報告されている。自治体におけるアウトソーシングは、これからも増加することはあっても大幅に減少する（「自治体直営」への巻き戻し）ことは考えにくい。そうであるならば、失敗事例を教訓として、アウトソーシングを改善していく必要がある。
　本稿では、まず自治体におけるアウトソーシングの現状を整理し、具体的な失敗事例を抽出してその原因を分析するとともに、今後、自治体におけるアウトソーシングの失敗（ムダ）発生を少なくするための視点や必要な具体的取り組みについて論じる。

2 自治体アウトソーシングの背景

　自治体アウトソーシングが増加する背景として、第一に、危機的な財政状況に伴うコスト削減要請が挙げられる。自治体財政は危機的状況にありコスト削減を行うことが急務となっている。そのため、まず自治体の歳出の中で職員人件費は約27％を占め、しかも固定的経費であることから、歳出削減の中心的な手法として採用抑制等により職員数の削減が図られてきた。また、人員や財源が不足する中で、自治体直営で行っていたものをア

Ⅵ　自治体アウトソーシングの失敗（ムダ）と処方箋

ウトソーシングで行うことで、コスト削減することができる業務を中心に積極的に進められてきた。

図表1　各業務ごとの直営／民間コスト比較（直営＝100％）

区分	比率(%)
直営	100.0
ごみ収集	35.0
学校給食	—
施設の運営管理	59.5
PFI（運営管理費）	52.7
アウトソーシング	61.4
指定管理者制度	84.7
PFI（建設費）	75.8

（出典）「公民のコスト比較　民間の力でこんなに下がる」（坂田期雄）

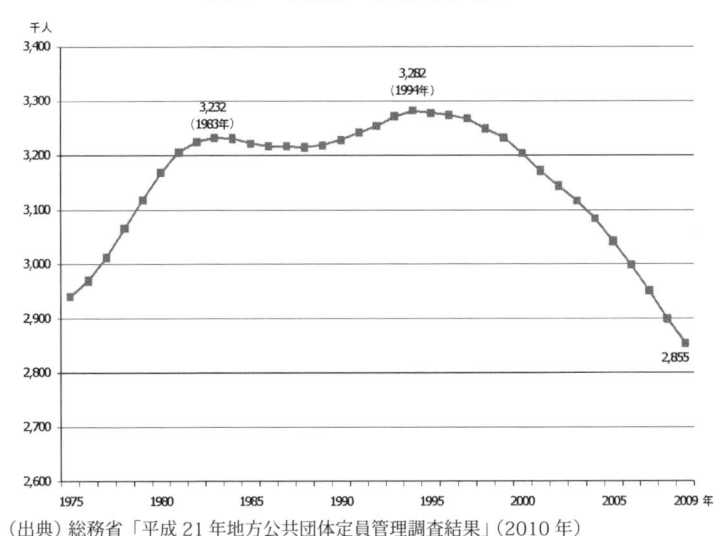

図表2　自治体の総職員数の推移

- 3,232（1983年）
- 3,282（1994年）
- 2,855（2009年）

（出典）総務省「平成21年地方公共団体定員管理調査結果」（2010年）

第2に、市民ニーズ多様化・高度化が挙げられる。わが国においてキャッチアップの時代が終わり地域社会や経済が成熟していく中で、市民一人ひとりのニーズも、世代、地域、家族形態などによって多様化・高度化し、自治体が自らの体制及び財源だけでは、質・量ともに十分に対応しにくい状況となっている。

第3に公共サービス提供可能者の増加が挙げられる。指定管理者制度やPFI制度の導入などにより業務分野が拡大していることや、これまでの経験・ノウハウの蓄積が進展することにより、自治体業務を委託等により提供することが可能な提供者（企業、NPO、市民団体など）が増加している。

3　自治体アウトソーシングの現状とスキーム

(1)　アウトソーシングの手順

総務省調査「市区町村における外部委託の実施状況」（1984年、1998年、2009年の各年に実施）によれば、自治体の主要な一般事務において、一貫してアウトソーシングを行う自治体が増加傾向にあることがわかる。

自治体においてアウトソーシングを行う場合、手法によって違いはあるが共通部分を抽出すると、以下のような流れとなる。

1)　事業スキームの設計

自治体業務をアウトソーシングする場合、①対象事業、目的・目標、導入手法、③アウトソーサーの募集・選定方法、④監視、評価方法といった一連の事業スキームの設計を行うことになる。

その際、アウトソーシング導入によって期待される効果や効果が発揮されやすい性質を持つ業務について十分に考慮しておく必要がある。

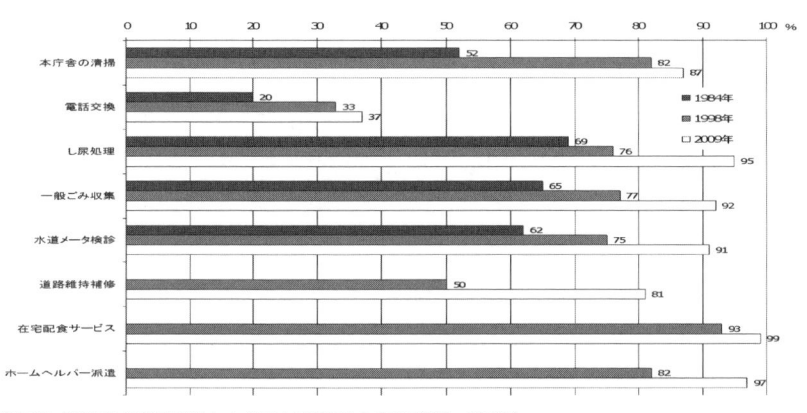

図表3　市区町村における外部委託の実施状況

業務	1984年	1998年	2009年
本庁舎の清掃	52	82	87
電話交換	20	33	37
し尿処理	69	76	95
一般ごみ収集	65	77	92
水道メータ検針	62	75	91
道路維持補修		50	81
在宅配食サービス		93	99
ホームヘルパー派遣		82	97

（出典）総務省「市区町村における外部委託の実施状況」（各年）

（アウトソーシングにより期待される効果）

業務効率の向上	専門的な知識、技術、設備を持つ民間の活力を導入することで、事務処理能力等の迅速化や業務効率向上が期待される。
コスト削減	特定の業務を専門的かつ集中的に行っている民間企業等に委託することでコスト削減が期待される。
サービス水準の向上	民間の持つノウハウを活用することで、利便性の向上、サービス内容の充実等が図られ、サービス水準の向上が期待される。

（アウトソーシングにより効果が発揮されやすい性質を持つ業務）

定期的業務	定期的、大量業務で、委託により行政運営の効率化や経費の削減等が期待できるもの
専門的業務	高度な技術、専門的な知識を必要とする業務で、民間の専門的な能力を活用した方が効率的なもの
代替可能業務	民間の企画、構想力、ノウハウを活用することで、より効果的な運営が期待できるもの
施設管理運営業務	公の施設や庁舎等の管理運営で、直営より弾力的、効率的な運営が期待できるもの

2) アウトソーサーの募集・選定

　競争入札、企画提案等の方法で、アウトソーサーを選定する。その際、

アウトソーシングが行政責任を放棄することでないことを考慮し、サービス水準の維持・向上や個人情報の管理等の点に留意して、企画書、提案書、仕様書、募集要項、協定書、契約書等に盛り込み担保する必要がある。なお、相手方が１団体またはきわめて少数の中から選定する状況の場合、条件変更や事業者育成など、競争環境の醸成が必要となる。

3) 実施にあたっての監視・評価・検証

アウトソーシングが契約書等の内容に応じて実施されているかを監視するとともに、定期的に評価・検証を行い、次回実施にあたっての事業スキーム設計に活用するなど、ＰＤＣＡサイクルを確立する必要がある。

（２）自治体アウトソーシング手法の類型

自治体業務をアウトソーシングする主な手法として以下のものに分類される。それぞれのメリット、デメリットとして以下の点が挙げられる。

①**外郭団体（第３セクター）設立・運営**

外郭団体（第３セクター）は、自治体と民間企業等が共同出資したり、職員を派遣しあって、政策目的のために事業を行う団体である。以前は公の施設の管理委託が自治体の出資法人等に限られていたが、民活法、リゾート法等による民活導入の際に第３セクターに対して各種規制の緩和、建設費補助、税減免措置などの優遇措置を与えたことで８０年代に大幅に増加した。外郭団体は、業務委託、指定管理者制度等の手法により自治体業務を担っている。しかしながら近年は、バブル崩壊やリーマンショック等による事業環境の悪化、ＮＰＯ法成立等による公益的団体の増加、指定管理者制度導入等による公の施設の管理委託など独占・寡占的な事業分野の縮小などにより経営状況が悪化する団体が増え、自治体が外郭団体を整理・統廃合するための財源として「第３セクター等改革推進債」発行制度が創

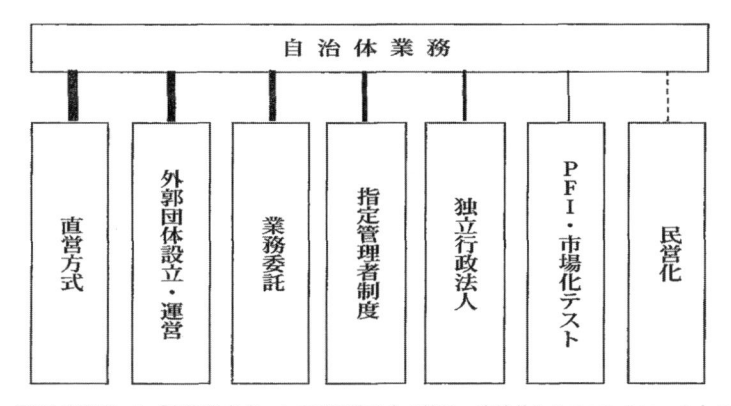

図表4　自治体業務アウトソーシングの分類

```
                        自 治 体 業 務
   ┌──────┬──────┬──────┬──────┬──────┬──────┬┄┄┄┄┄┐
 直営方式  外郭団体  業務委託  指定管理  独立行政  PFI・    民営化
          設立・運営         者制度    法人      市場化テスト
```

＊「自治体業務」と「各運営方式」との間の線の太さ等は、自治体からのコントロール力の大小を表す目安である。
（出典）高寄昇三・山本正憲「地方公務員給与は高いのか」

設されたことなどもあり、外郭団体は減少傾向にある。

（メリット：期待される主な効果）

・出資や職員派遣等により自治体主導によるガバナンスが確立し、政策目的に沿って業務が実施される。
・民間企業が持つ事業ノウハウ等を活用し、サービス向上やコスト削減を実現できる。

（デメリット：懸念される主な課題・問題点）

・公益追求する自治体と利潤追求する企業が共同出資することで経営戦略があいまいになる。
・自治体、企業など親団体への依存体質により、プロパー人材が育たない。
・親団体の制度に準拠することが多く、事業に適合した人事・給与制度などが導入できない。

図表5　第3セクター等の年次別設立数

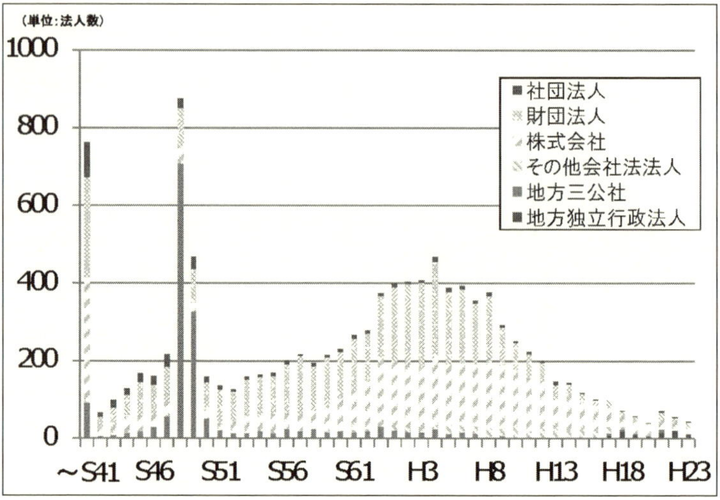

（出典）総務省「第三セクター等の状況に関する調査結果」

②業務委託

　法律的には自治体が行政運営を進めるうえで必要な監督権を留保したまま、その業務の処理を契約に基づいて民間事業者等に委託するものをいう。最近は、1業務ずつ委託するだけでなく、複数の業務を束ねて企業や第3セクター等に委託する包括的業務委託（いわゆる「第二市役所」）の取り組みも広がっている。

　（メリット：期待される主な効果）
・比較的簡易に契約等を結べるので事務コストが低い。
・競争性が確保されている場合は市場原理が働いて直営と比較してコストが低下しやすい。
・業務の中で、直営、委託等の組み合わせが可能で、短期や臨時業務への対応もしやすい。
・地元企業や地域の雇用確保への配慮などを行いやすい。

（デメリット：懸念される主な課題・問題点）
・契約等について専門的な知見によるチェックが不十分で責任分担やリスク管理が不十分な場合がある。
・委託者が固定化された場合コストが高止まりする恐れがある。（独占・寡占の弊害）
・業務を直営、委託等に切り分けることで全体的なマネジメントが不十分な場合や間接業務の重複等によりコストが高止まりする場合がある。
・長期間の委託等により地元企業等との癒着が起きる懸念がある。
・職員の業務ノウハウや企画能力が喪失しかねない。

③指定管理者制度

　平成15年の地方自治法改正により新たに導入された制度で、公の施設の設置の目的を効果的、効率的に達成するために行う一切の作用について、議会の議決により指定した法人等の責任において代行させることをいう。従来の制度では、公の施設の管理を行う主体として公共団体や自治体の出資法人等に限られていたが、民間企業やＮＰＯ等も管理運営することが可能になり、受託者が一気に増加した。

（メリット：期待される主な効果）
・指定管理者を公募することで、競争原理によるコスト削減が期待される。
・民間事業者等のノウハウを活用することでサービスの向上が期待できる。
・施設管理に期間を定めるため、ＰＤＣＡサイクルによる業務改善が図りやすい。

（デメリット：懸念される主な課題・問題点）
・施設管理についてはスタッフの非正規化が進んでおり思ったよりはコスト削減できない。
・短期間で指定管理者が交代した場合、ノウハウを蓄積できない恐れがある。
・施設の運営経費が十分確保されていない場合サービス低下が懸念される。
・指定管理者が交代した場合これまでの雇用者の失業問題などが懸念され

る。
・指定管理者の経営基盤が不安定な場合、破綻リスクが生じる。

④地方独立行政法人の設立・運営
　平成15年に施行された地方独立行政法人法により新たに導入された制度で、公共上の見地から必要な事業を、自治体が必ずしも直接実施することが求められていないもののうち、民間に任せることが必ずしも最善ではない事業を行うための法人をいう。平成25年現在、111団体（大学：63、公営企業：38、試験研究機関：9、社会福祉団体：1）が設立されている。

　（メリット：期待される主な効果）
・法人独自の評価制度が義務付けられており、顧客満足度の向上や保育サービスの拡充に向けた目標管理型の組織運営が可能となる。
・企業会計になるため、職員にコスト意識が生まれ、効率的かつ効果的な業務改善を目指すことが期待できる。
・民営化に比べて、児童に対する環境の変化が少なく、利用者の理解を得やすい。

　（デメリット：懸念される主な課題・問題点）
・法人独自の会計システム、法人経営の間接コストなどの新たな費用が発生する。
・身分の切り替え（地方公務員法の適用外になること）そのものに職員の納得が得られにくい。
・国会の付帯決議により労働条件が急激に変化しないこと等が求められており、人件費削減効果などが限定される。

⑤ＰＦＩ
　平成11年に「民間資金の活用による公共施設等の整備等の促進に関する法律（ＰＦＩ法）」施行に伴い導入された制度で、公共事業に民間企業の資金調達力、技術、経営能力などを活用することを目的としている。

（メリット：期待される主な効果）
- 事業体が、設計、建設、維持管理を一体的に扱うことで事業コスト削減が期待できる。
- 専門的なノウハウを必要とする分野において民間企業の発想や運営ノウハウを活用することができる。
- 他の収益事業と組み合わせること等により新たなビジネスチャンスが創出されることが期待される。

（デメリット：懸念される主な課題・問題点）
- 詳細な事業リスク負担など複雑な契約を作成する事務コストが高い。
- 法律や金融など高度な運営ノウハウが必要となり大手ゼネコンなど対応できる企業等が限定される。
- 投資回収期間が長期にわたりリスク負担できる企業などが限られる。

⑥民営化

　民営化とは、それまで自治体が関与してきた事業を、民間が全面的に経営責任を持って運営するよう転換することである。国レベルでは国鉄（JR）、電電公社（NTT）、専売公社（JT）などの事例があるが、自治体では、保育所、公営交通等の事例がある。事業の種類によってメリット、デメリットが異なる場合もあるが、一般的には以下の点が挙げられる。

（メリット：期待される主な効果）
- 民営化することで事業を分離でき、他の事業に経営資源を振り向けられる。
- 専門的なノウハウを持つ企業などが担うことでサービスの向上が図られる。

（デメリット：懸念される主な課題・問題点）
- 不採算事業についてはサービスが縮小・廃止される懸念がある。
- 採算重視からサービス料金が値上げされる懸念がある。

4　自治体アウトソーシング失敗（ムダ）の具体的事例

　自治体アウトソーシングが失敗する場合、現実には様々な要因が絡み合っており、事業スキーム設計、募集・選定、監視・評価・検証の不備など、単独または複数の要因により失敗が引き起こされている。以下、主な失敗事例を列挙する。

（1）A水産公社の事例

　B市は、外郭団体である「有限会社A水産公社」に水産物衛生処理施設の運営を指定管理者として指定したが、同社は指定管理者になる1年前に設立したばかりで経験やノウハウが不足していたため、売上の不振や経営見通しの甘さなどからほぼ毎月赤字を出し続け、2380万円の経常損失を計上することとなった。今後も業績が上向く見通しがないため、同社の方から事業中止を市に求め、市も事業継続が困難と判断し、出資金の範囲内で市が欠損金を補てんすることで解散を認めた。
（課題・問題点）
・見通しの甘い外郭団体設立、指定管理制度導入により、多大な損害やサービス低下を招いた。

（2）C医療センターの事例

　C医療センターは、2005年に県立中央病院と市立市民病院を統合して開院した。経営を民間企業に委託するPFI方式を採用した全国初の公立病

院である。

　PFI方式第1号のC医療センターは、県と市でつくる「C県・C市病院企業団」が運営主体になり、D社を代表とする特定目的会社（SPC）である「C医療ピーエフアイ株式会社」（C PFI）が医療行為以外のすべての業務を一括受注した。契約は30年間で2,131億円。自治体運営では難しい効率性を追求するため、長期契約を結んだと説明された。（PFIの中でBTO方式を導入）結果として、PFI導入後の病院経営状況は悪化し、SPC側から短期での黒字転換は困難であるとして契約終了を提案し契約解除となった。

（課題・問題点）
・自治体の病院経営において産婦人科や小児科などの不採算となりやすい診療科目で生じる赤字を薬剤や給食などの事業の黒字で補うというのが公立病院の一般的な収益モデルであり、本事例の分担では自治体が運営する病院側だけに赤字事業が集中することになる。
・医事業務に不慣れなSPCのマネジメント不足により医事業務請求漏れが多発して、運営に混乱を招いた。

（3）D健康施設の事例

　D健康施設は、E市のごみ焼却処理施設「臨海工場」の整備の後、ごみ焼却に伴って発生する熱エネルギーによる発電によって得られる電力を有効に活用し、温海水を利用するタラソテラピー、運動施設、地域コミュニティの交流促進等の機能を備えた「E市臨海工場余熱利用施設」を1年間で整備し、その後15年間、施設を運営・維持管理する事業であった。事業開始後、初年度からの利用者数の伸び悩み等の原因により、事業主体の（株）D健康施設の経営状況が悪化し、2年後に本施設は一旦閉鎖される事態となった。（PFIの中でBOT方式を導入）

（課題・問題点）

- 健康施設の利用予測が市場調査もなく過大であったこと、ゼネコンの過当競争の中で経営難のゼネコンが、採算性等の事前調査が甘く、投資企業も融資したこと、市が他の事業者と比較して安いからといって選定したことで、利用収入低迷、赤字化し、さらに赤字を補填する体力がないことから早々に破綻した。
- 融資者がE市による本施設の買い取り価格の金額で回収可能な範囲でしか融資を行わず、プロジェクトファイナンスにおいて融資者が果たすべき役割（事業の経済性や民間事業者の事業遂行能力・信用力の審査）が機能する前提が欠如していた。
- E市は、融資者が実質上リスクフリーとなっていたにもかかわらず、融資者として事業の経済性、事業遂行能力・信用力の審査を行うという期待、あるいは経営悪化時には事業に介入するであろうという期待を抱き、D健康施設の経営悪化について迅速な対応ができなかった。

（4）F温泉施設の事例

G村の「F温泉施設」では、手広く自治体業務を請け負うH社が指定管理者となり、経営刷新を図ったが逆に経営が悪化し、撤退となった。人員削減による合理化を行い2つの入口のうち一つを閉鎖することでコスト削減を狙ったがレストランや温泉を利用する日帰り客が減少してしまった。また、薬膳料理を売り物としたが常連客が敬遠し宿泊客が半減してしまい、営業開始からわずか10か月で指定管理者を撤退した。

（課題・問題点）
- 人員削減により、サービスの低下、日帰り客の減少、収益悪化の悪循環、地元雇用機会が失われた。
- 薬膳料理などの新たなサービスの不評により常連客の離反、収益悪化を招いた。

（5）I 観光総合施設の事例

J市のI観光総合施設の指定管理者K社は、本業であるスキー場やホテルなどが豪雪の影響などで業績不振となり倒産、わずか3ヶ月で指定を取り消す事態となった。牧場の動物、遊具は全て指定管理者側の所有物だったため、呼び物の動物は姿を消し、遊具は「使用禁止」の札が貼られ、動物のいない無料の公園となった。市に残されたのは、食堂の建物、いす、テーブルだけとなり、休業しているため、単なる「休憩所」となった。

（課題・問題点）
・指定管理者交代を前提とした施設等保有スキームが十分ではなく、施設利用の売り物（例：動物、遊具など）の喪失による施設全体の利用価値低下を招いた。

（6）L 市民会館の事例

L市の「L市民会館」の指定管理者であるM社は、施設使用料の未納、専門業者の未払などによる資金繰りの悪化で破綻し、8ヶ月で取消となった。市が支払った管理委託費 1,600 万円の回収もできていない。

（課題・問題点）
・審査段階で指定管理者としての経営状況の把握が不十分であったことや、前払い管理費保全の不備等により、自治体に損害が発生した。

（7）N 市児童保育センターの事例

N市のO社は、市内4児童保育センターの指定管理者となったが、職員への給料の遅配、複数の業者への物品購入代金の未払いなどが発覚した。不審や懸念が募った保護者が取消を強く求め、市は 8 か月後に指定を取り

消した。

　（課題・問題点）
・保育士への給料遅配等により、保育サービスの基盤となる保護者との信頼関係が崩壊した。

(8) P市地下鉄清掃事業の事例

　P市では、外郭団体「P市交通事業振興会」に32年間にわたって地下鉄清掃作業を随意契約で委託し、同会は清掃業務を行わず民間企業にほぼそのまま再委託していた。
　P市→（4億9,000万円で清掃業務を委託）→P市交通事業振興会(外郭団体)→（4億7,000万円で再委託）→市内13業者
　（課題・問題点）
・長期間にわたって外郭団体に随意契約し、かつ、ほとんどそのまま再委託することで、競争性が機能せずコスト高止まりが生じた。

(9) Q市流水プールの事例

　Q市流水プールで、柵が外れた吸水口に小学生（2年）が吸い込まれ死亡する事件が起きた。Q市はR社（ビル運営管理業）と管理委託契約を結んでいた（過去10シーズン中8シーズンを受注するなど長期化）が、R社は市に無断で契約に反して下請けのS社（ビル運営管理業）に再委託して契約上必要とされた研修を受けていない監視員等を配置していたため事故を防げなかった。
　（課題・問題点）
・長期にわたり、同一業者が受託することで根拠のない信頼により委託側のチェック機能が弱まった。そのため、受託者は自ら業務を直接的に行わず再委託という契約違反を誘発してしまった。

・再受託社にプール管理の専門性が欠如していたことが起因となり、対応不備(流水・遊泳停止等の未措置)となり、死亡事故発生という最悪の事態を招いた。

5　今後、失敗（ムダ）を減少させるために必要な取り組み

　以上のように、自治体におけるアウトソーシングでは多くの失敗事例が生じている。失敗事例を「一部の杜撰で特異な事例」として片付けず、他のアウトソーシング事業にも共通する構造的な課題・問題点があると捉え、以下のような取り組みが早急に必要と考えられる。

(1) アウトソーシング導入にあたっての目的・目標の明確化

　アウトソーシング導入にあたっては、目的や目標を明確にする必要がある。すなわち、①業務効率向上（例：市民が手続き等を行う場合○日、○時間早くなる）、②コスト削減（例：アウトソーシングによって○億円のコスト削減）、③サービス向上（例：○種類のサービス追加、利用者満足度○％アップ）など、具体的かつ定量的に示される必要がある。

(2) 決定・結果責任の明確化

　自治体において、数多くの職員の稟議による責任分散や頻繁な人事異動により、決定責任が曖昧にされることが多い。そのため、それぞれのアウトソーシングに対する決定や結果に対して前述した「明確化された目的・目標」を評価尺度として責任を有する首長や職員を「プロジェクトリーダー」

として明確にする必要がある。そのためには、シンプルな意思決定システムや人事異動の長期化などが必要である。

（3）競争環境の育成

アウトソーシングに関していかに精緻な事業スキームを設計しても、自治体の責任体制を明確にしても、相手（アウトソーサー）がいなければ実施できない。また、対象となるアウトソーサーがきわめて少数の場合、競争原理が働かず、長期間の特定のアウトソーサーの固定化による癒着、コストの高止まり、サービス水準停滞などの弊害が起こりかねない。そのため、応募条件の緩和や自治体自らがアウトソーサーの育成事業（専門性を持つ職員集団のスピンアウト奨励、起業支援、市民によるコミュニティビジネスの育成と事業離陸時期の優遇策など）を積極的に行い、できるだけ多数の応募者を確保していく必要がある。

（4）直営部門の有効活用

自治体の基幹業務（例：ごみ収集、保育所、公営バス）については、最低1か所を直営事業所として残し、事業ノウハウの保全及びアウトソーシング先との競争（コスト、サービス）を促すことも必要である。

（5）モニタリングの大幅強化

実際にアウトソーシング事業が開始されて以降、自治体はアウトソーサーに「任せきり」という状態が起こって、契約違反、怠慢、経営不振などを見過ごしてしまったことが失敗につながった事例が多く見られる。これらを防止するためには、現在の自治体のモニタリング体制を大幅に強化し、頻繁な「抜き打ち検査」「覆面調査」「経営指導」など、常に自治体の監視

の目がアウトソーサーに届く大幅な体制強化が必要と考えられる。モニタリング部門に必要な予算、人員は、アウトソーシングによって生み出された予算、人員を充てることが考えられる。また、利用満足度アンケートなどをモニタリング部門は独自に実施するなど、身内びいきにならない利用者本位のモニタリングシステムを確立する必要がある。

(6) PDCAサイクルの確立

アウトソーシングの失敗事例において、長期間にわたってアウトソーシングの方法が固定化されたことで、コスト削減、サービスの質向上などの機会を逸しているものが多い。「次年度のアウトソーシングは必ず変更点があるようにする」ということを大原則として、強化されたモニタリングによって得られた改善のための材料を有効に活用し、たとえばモニタリング部門がアウトソーシングスキームの再設計を提案・勧告して実現を担保するなど、PDCAサイクルの確立を図っていく必要がある。

(7) 新たなアウトソーシング手法の積極導入

複数の自治体による共同アウトソーシングの推進や新PFI法により導入されたコンセッション方式による施設運営など、自治体側からだけでなく外部からの提案なども積極的に受け入れて、新たな手法によるアウトソーシング手法を積極的に導入していく必要がある。

たとえば、足立区など全国の有志自治体で構成している「日本公共サービス研究会」では、厳しい地域雇用環境が続く若者の雇用を積極的に開拓するため、民間にノウハウがないので、公共サービス養成機関を複数の自治体が共同で設置し、これまであまりアウトソーシングされてこなかった専門的定型分野の事務系職員の為の専門性（技能や能力）を養成することを検討している。

(参考文献)
図表6 複数自治体による専門定型業務のアウトソーシングスキーム

(専門定型業務)

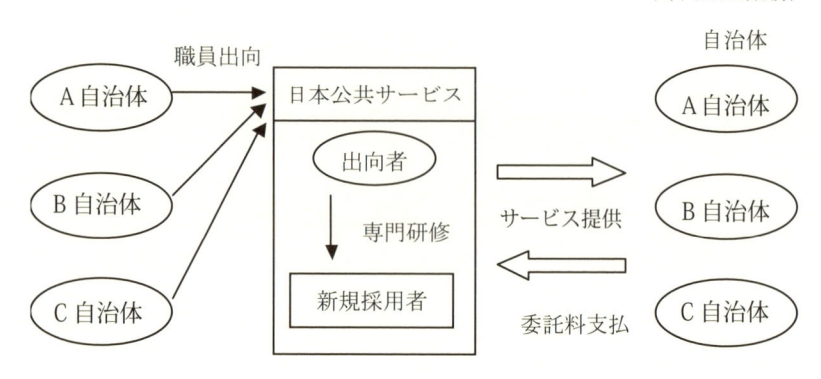

```
                    職員出向           ┌─────────────┐              自治体
   ┌─────┐                          │ 日本公共サービス │           ┌─────┐
   │A自治体│ ─────────────→         │              │            │A自治体│
   └─────┘                          │  ┌────────┐  │            └─────┘
                                    │  │ 出向者  │  │   ⇒
   ┌─────┐                          │  └────────┘  │  サービス提供  ┌─────┐
   │B自治体│ ─────────────→         │     ↓        │            │B自治体│
   └─────┘                          │   専門研修   │   ⇐
                                    │  ┌────────┐  │  委託料支払   ┌─────┐
   ┌─────┐                          │  │新規採用者│  │            │C自治体│
   │C自治体│ ─────────────→         │  └────────┘  │            └─────┘
   └─────┘                          └─────────────┘
```

　坂田期雄 (2006)「公民のコスト比較　民間の力でこんなに下がる」時事通信出版局
　総務省 (2010)「平成21年地方公共団体定員管理調査結果」
　総務省 (1984、1998、2009)「市区町村における外部委託の実施状況」
　高寄昇三・山本正憲 (2013)「地方公務員給与は高いのか」公人の友社
　総務省 (2012)「第三セクター等の状況に関する調査結果」
　堀田真理 (2010)「わが国における病院ＰＦＩをめぐる現状と課題」東洋大学「経営論集」75号
　内閣府「ＰＦＩ事業の手引き」

【著者紹介】

高寄　昇三（たかよせ・しょうぞう）
　甲南大学名誉教授。神戸市職員の行政経験と地方自治研究50年の実績をふまえて、常に地方行政の今日的課題に挑戦している。最近では『大阪都構想への検証』『原発再稼働と自治体の選択』『政府財政支援と被災自治体財政』『地方公務員給与は高いか』（いずれも公人の友社）などである。

荒川　俊雄（あらかわ・としお）
　元大阪府寝屋川市職員　理事・企画財政部長で定年退職。現在、大阪地方自治研究センター特別研究員、NPO政策研究所理事・主席研究員、寝屋川あいの会理事等。

西部　均（にしべ・ひとし）
　大阪市政調査会研究員。大阪市政の調査、『市政研究』誌編集を担当。地域の歴史や地理に関心を有し、街歩きのガイドを担当することもある。

山本　正憲（やまもと・まさのり）
　自治体職員。博士（政策科学）。自治体学会会員、日本行政学会会員、日本公共政策学会会員。主著『日本の地方公務員の人件費研究―地方分権時代における給与と福利厚生費の公民均衡のあり方を焦点に―』ブイツーソリューション　2008年（2012年度 自治体学会研究論文賞受賞）。

大島　博文（おおしま・ひろふみ）
　前（公財）神戸都市問題研究所主任研究員。神戸市入庁後都市計画局、総務局、市民局、交通局等を経て、平成23年より神戸都市問題研究所主任研究員。平成26年4月より神戸市総合計画課長。

自治体〈危機〉叢書
自治体財政のムダを洗い出す―財政再建の処方箋―

2014年9月15日　初版第1刷発行

　　編　著　高寄　昇三
　　発行者　武内　英晴
　　発行所　公人の友社
　　　　　　ＴＥＬ 03-3811-5701
　　　　　　ＦＡＸ 03-3811-5795
　　　　　　Ｅメール　info@koujinnotomo.com
　　　　　　http://koujinnotomo.com/

ISBN 978-4-87555-650-3

住民監査請求制度の危機と課題

九州大学大学院法学研究院准教授　田中 孝男

定価（本体1,500円＋税）

住民監査請求が活発に提起されること自体は自治体当局の《危機》かもしれませんが、自治体の《危機》ではありません。地方自治行政の現場で、住民監査請求制度本来の趣旨を損なうような運用がなされたり、そのような制度改革が進められることが、自治体の《危機》なのです。

政府財政支援と被災自治体財政
東日本・阪神大震災と地方財政

高寄 昇三

定価（本体1,600円＋税）

大災害における政府財政支援は、従来、補助金・交付税・地方債の補填率などの引上げ措置ですまされてきました。しかし、これは被災自治体の生存権を保障する意欲を欠いた国の責任放棄。

ゼミ・勉強会テキストに最適

震災復旧・復興と「国の壁」

ジャーナリスト　神谷 秀之

定価（本体2,000円＋税）

復興を目指す被災自治体の仕事の大半は「国の壁」を克服するための作業だといっても過言ではありません。復興を拒んでいるのは何なのでしょうか。明治以来の官治・集権システムに切り込まない限り、仮に明日どこかで大災害がおこったとしても、東日本大震災や阪神大震災などと同じような課題が浮上し、またも被災者対応が遅れるという行政の失態が繰り返されるでしょう。

（「はしがき」より）

自治体〈危機〉叢書

2000年分権改革と自治体危機

松下 圭一

定価（本体 1,500 円＋税）

自民党政権復帰による〈官僚内閣制〉への逆行・回帰という《自治体改革》の新しい危機をめぐって、本書は、日本の《自治体改革》の基本軸となる「二〇〇〇年分権改革」の意義と課題、さらに自治体改革の今日的すすめ方について、その再確認をめざす。

自治体財政破綻の危機・管理

加藤 良重

定価（本体 1,400 円＋税）

国・自治体をあわせた借金総額が1000兆円を超え、世界最悪。2009年には期待された政権交代もあったが、中央官僚の抵抗にあって、自治・分権の行く手に暗雲がかかったままである。今こそ、自治体は、行政・財政の自己改革を徹底しなければならない。

自治体連携と受援力
〜もう国に依存できない

神谷 秀之・桜井 誠一

定価（本体 1,600 円＋税）

東日本大震災は、自治体間の相互支援・国に頼らずに自治体が自発的に行動する新たな政治・行政の姿を映し出した。自立した個々の自治体が「受援力」を身につけ「支援力」を磨くとは？。

政策転換への新シナリオ

小口 進一

定価（本体 1,500 円＋税）

日本の人口減少は、今後の自治体運営に大きな影響を及ぼし、既成自治体政策の総合的見直しや改革、さらには地域社会の未来を展望した新たな政策づくりを必要としてくる。本書は、自治体政策の大胆な組み替えと削減案を提起する。

【朝日カルチャーセンター 地方自治講座ブックレット】

No.1 自治体経営と政策評価 山本清 1,000円

No.2 ガバメント・ガバナンスと行政評価 星野芳昭 1,000円（品切れ）

[政策・法務基礎シリーズ]

No.5 政策法務がゆく 北村喜宣 1,000円

No.4 「政策法務」は地方自治の柱づくり 辻山幸宣 1,000円

[私たちの世界遺産]

No.1 自治立法の基礎 東京都市町村職員研修所 600円

No.2 政策法務の基礎 東京都市町村職員研修所 952円

No.1 持続可能な美しい地域づくり 五十嵐敬喜 1,905円

No.2 地域価値の普遍性とは 五十嵐敬喜・西村幸夫他 1,800円

No.3 世界遺産登録・最新事情 長崎・南アルプス 五十嵐敬喜・西村幸夫 1,800円

No.4 新しい世界遺産の登場 南アルプス[自然遺産] 九州・山口[近代化遺産] 五十嵐敬喜・西村幸夫・岩槻邦男・松浦晃一郎 2,000円

[別冊]No.1 ユネスコ憲章と平泉・中尊寺 供養願文 五十嵐敬喜・佐藤弘弥 1,200円

[別冊]No.2 平泉から鎌倉へ 鎌倉は世界遺産になれるか?! 五十嵐敬喜・佐藤弘弥 1,800円

[地方財政史]

大正地方財政史・上巻 大正デモクラシーと地方財政

大正地方財政史・下巻 政党化と地域経営 都市計画と震災復興

昭和地方財政史・第一巻 地域格差と両税委譲 分与税と財政調整

昭和地方財政史・第二巻 補助金の成熟と変貌 匡救事業と戦時財政

昭和地方財政史・第三巻 府県財政と国庫支援 地域救済と府県自治

昭和地方財政史・第四巻 町村貧困と財政調整 昭和不況と農村救済

高寄昇三著 各5,000円

[単行本]

フィンランドを世界一に導いた100の社会改革 編著 イルカ・タイパレ 訳 山田眞知子 2,800円

公共経営学入門 編著 ボーベル・ラフラー 訳 みえガバナンス研究会 監修 稲澤克祐、紀平美智子 2,500円

変えよう地方議会 〜3・11後の自治に向けて 編著 河北新報社編集局 2,000円

自治体職員研修の法構造 田中孝男 2,800円

自治基本条例は活きているか?! 〜ニセコ町まちづくり基本条例の10年 編 木佐茂男・片山健也・名塚昭 2,000円

国立景観訴訟〜自治が裁かれる 編著 五十嵐敬喜・上原公子 2,800円

成熟と洗練〜日本再構築ノート 松下圭一 2,500円

地方自治制度「再編論議」の深層 監修 木佐茂男 著 青山彰久・国分高史 1,500円

韓国における地方分権改革の分析〜弱い大統領と地域主義の政治経済学 尹誠國 1,400円

自治体国際政策論 〜自治体国際事務の理論と実践 楠本利夫 1,400円

自治体職員の「専門性」概念 〜可視化による能力開発への展開 林奈生子 3,500円

アニメの像VS.アートプロジェクト〜まちとアートの関係史 竹田直樹 1,600円

NPOと行政の《協働》活動における「成果要因」 〜成果へのプロセスをいかにマネジメントするか 矢代隆嗣 3,500円

おかいもの革命 消費者と流通販売者の相互学習型プラットホームによる低酸素型社会の創出 編著 おかいもの革命プロジェクト 2,000円

原発再稼働と自治体の選択 〜原発立地交付金の解剖 高寄昇三 2,200円

No.3 暮らしに根ざした心地よいまち
1,100円

No.4 持続可能な都市自治体づくりのためのガイドブック
編：白石克孝、監訳：的場信敬
1,100円

No.5 英国における地域戦略パートナーシップ
編：白石克孝、監訳：的場信敬
900円

No.6 マーケットと地域をつなぐパートナーシップ
編：白石克孝、著：園田正彦
1,000円

No.7 政府・地方自治体と市民社会の戦略的連携
的場信敬
1,000円

No.8 多治見モデル
大矢野修
1,400円

No.9 市民と自治体の協働研修ハンドブック
土山希美枝
1,600円

No.10 行政学修士教育と人材育成
坂本勝
1,100円

No.11 アメリカ公共政策大学院の認証評価システムと評価基準
早田幸政
1,200円

No.12 イギリスの資格履修制度 資格による公共人材育成
小山善彦
1,000円

No.14 炭を使った農業と地域社会の再生 市民が参加する地球温暖化対策
井上芳恵
1,400円

No.15 対話と議論で〈つなぎ・ひきだす〉ファシリテート能力育成ハンドブック
土山希美枝・村田和代・深尾昌峰
1,200円

No.16 「質問力」からはじめる自治体議会改革
土山希美枝
1,100円

No.17 東アジア中山間地域の内発的発展
編：日本・韓国・台湾の現場から 清水万由子・＊誠國・谷垣岳人・大矢野修
1,200円

No.8 地域分散エネルギーと「地域主体」の形成
編：風、水、光エネルギー時代の主役を作る 小林久・堀尾正靱、独立行政法人科学技術振興機構 社会技術研究開発センター「地域に根ざした脱温暖化・環境共生社会」研究開発領域 地域分散電源等導入タスクフォース
1,400円

No.7 地域からエネルギーを引き出せ！ PEGASUSハンドブック
監修：堀尾正靱・白石克孝・土山希美枝 重藤さわ子・定松功、著
1,400円

No.6 風の人・土の人
千賀裕太郎・白石克孝・柏雅之・福井隆・飯島博・曽根原久司・関原剛
1,400円

No.5 地域の生存と農業知財
渋澤栄・福井隆・正林真之
1,000円

No.4 地域の生存と社会的企業
柏雅之・白石克孝・重藤さわ子
1,200円

No.10 お買い物で社会を変えよう！ レクチャー＆手引き
編著：永田潤子、監修：独立行政法人科学技術振興機構 社会技術研究開発センター「地域に根ざした脱温暖化・環境共生社会」研究開発領域
1,400円

[都市政策フォーラムブックレット]

No.1 「新しい公共」と新たな支え合いの創造へ
渡辺幸子・首都大学東京 教養学部都市政策コース 都市教養学部都市政策コース
900円

No.2 景観形成とまちづくり
首都大学東京 都市教養学部都市政策コース
1,000円

No.3 都市の活性化とまちづくり
首都大学東京 都市教養学部都市政策コース
1,100円

[京都府立大学 京都政策研究センターブックレット]

No.1 地域貢献としての「大学発シンクタンク」 京都政策研究センター（KPI）の挑戦
編著：青山公三・小沢修司・杉岡秀紀・藤沢実
1,000円

No.2 もうひとつの「自治体行革」 住民満足度向上へつなげる
編著：青山公三・小沢修司・杉岡秀紀・藤沢実
1,000円

[生存科学シリーズ]

No.2 再生可能エネルギーで地域がかがやく
秋澤淳・長坂研・小林久
1,100円

No.9 省エネルギーを話し合う実践プラン46 エネルギーを使う・創る・選ぶ
編著：中村洋・安達昇
1,400円

No.3 小水力発電を地域の力で
小林久・戸川裕昭・堀尾正靱＊
1,200円

No.95 市町村行政改革の方向性 佐藤克廣 800円
No.96 創造都市と日本社会の再生 佐々木雅幸 800円
No.97 地方政治の活性化と地域政策 山口二郎 800円
No.98 多治見市の総合計画に基づく政策実行 西寺雅也 800円
No.99 自治体の政策形成力 森啓 700円
No.100 自治体再構築の市民戦略 松下圭一 900円
No.101 維持可能な社会と自治体 宮本憲一 900円
No.102 道州制の論点と北海道 佐藤克廣 1,000円
No.103 自治基本条例の理論と方法 神原勝 1,100円
No.104 働き方で地域を変える 山田眞知子 800円（品切れ）
No.107 公共をめぐる攻防 樽見弘紀 600円

No.108 三位一体改革と自治体財政 岡本全勝・山本邦彦・北良治・逢坂誠二・川村喜芳 1,000円
No.109 連合自治の可能性を求めて 松岡市郎・堀則文・三本英司・佐藤克廣・砂川敏文・北良治他 1,000円
No.110 「市町村合併」の次は「道州制」か 森啓 900円
No.111 コミュニティビジネスと建設帰農 松本懿・佐藤吉彦・橋場利勝・山北博明・飯原政一・神原勝 1,000円
No.112 「小さな政府」論とはなにか 牧野富夫 700円
No.113 栗山町発・議会基本条例 橋場利勝・神原勝 1,200円
No.114 北海道の先進事例に学ぶ 宮谷内留雄・安斎保・見野全・佐藤克廣・神原勝 1,000円
No.115 地方分権改革の道筋 西尾勝 1,200円
No.116 転換期における日本社会の可能性～維持可能な内発的発展 宮本憲一 1,100円

[TAJIMI CITY ブックレット]
No.1 転型期の自治体計画づくり 松下圭一 1,000円
No.2 これからの行政活動と財政 西尾勝 1,000円（品切れ）
No.3 構造改革時代の手続的公正と第二次分権改革 鈴木庸夫 1,000円
No.4 自治基本条例はなぜ必要か 辻山幸宣 1,000円
No.5 自治のかたち、法務のすがた 天野巡一 1,100円
No.6 自治体再構築における行政組織と職員の将来像 今井照 1,100円（品切れ）
No.7 持続可能な地域社会のデザイン 植田和弘 1,000円
No.8 「政策財務」の考え方 加藤良重 1,000円
No.9 市場化テストをいかに導入するべきか 竹下譲 1,000円

[北海道自治研ブックレット]
No.1 市場と向き合う自治体 小西砂千夫・稲澤克祐 1,000円
No.2 市民・自治体・政治 再論・人間型としての市民 松下圭一 1,200円
No.3 福島町の議会改革 議会基本条例＝開かれた議会づくりの集大成 その後の栗山町議会を検証する 橋場利勝・中尾修・神原勝 1,200円

[地域ガバナンスシステム・シリーズ]
（龍谷大学地域人材・公共政策開発システム・オープン・リサーチセンター（LORC）…企画・編集）
No.1 福島町の議会改革 議会基本条例＝開かれた議会づくりの集大成 溝部幸基・石堂一志・中尾修・神原勝 1,200円
No.2 地域人材を育てる自治体研修改革 土山希美枝 900円
No.2 公共政策教育と認証評価システム 坂本勝 1,100円

No.41 少子高齢社会の自治体の福祉法務　加藤良重　400円*
No.42 改革の主体は現場にあり　山田孝夫　900円
No.43 自治と分権の政治学　鳴海正泰　1,100円
No.44 公共政策と住民参加　宮本憲一　1,100円*
No.45 農業を基軸としたまちづくり　小林康雄　800円
No.46 これからの北海道農業とまちづくり　篠田久雄　800円
No.47 自治の中に自治を求めて　佐藤守　1,000円
No.48 介護保険は何をかえるのか　池田省三　1,100円
No.49 介護保険と広域連合　大西幸雄　1,100円
No.50 自治体職員の政策水準　森啓　1,100円
No.51 分権型社会と条例づくり　篠原一　1,000円

No.52 自治体における政策評価の課題　佐藤克廣　1,000円
No.53 小さな町の議員と自治体　室埼正之　900円
No.55 改正地方自治法とアカウンタビリティ　鈴木庸夫　1,200円
No.56 財政運営と公会計制度　宮脇淳　1,100円
No.57 自治体職員の意識改革を如何にして進めるか　林嘉男　1,000円
No.59 環境自治体とISO　畠山武道　700円
No.60 転型期自治体の発想と手法　松下圭一　900円
No.61 分権の可能性　スコットランドと北海道　山口二郎　600円
No.62 機能重視型政策の分析過程と財務情報　宮脇淳　800円
No.63 自治体の広域連携　佐藤克廣　900円

No.64 分権時代における地域経営　見野全　700円
No.65 町村合併は住民自治の区域の変更である　森啓　800円
No.66 自治体学のすすめ　田村明　900円
No.67 市民・行政・議会のパートナーシップを目指して　松山哲男　700円
No.69 新地方自治法と自治体の自立　井川博　900円
No.70 分権型社会の地方財政　神野直彦　1,000円
No.71 自然と共生した町づくり　宮崎県・綾町　森山喜代香　700円
No.72 情報共有と自治体改革　片山健也　1,000円
No.73 地域民主主義の活性化と自治体改革　山口二郎　900円
No.74 分権は市民への権限委譲　上原公子　1,000円
No.75 今、なぜ合併か　瀬戸亀男　800円

No.76 市町村合併をめぐる状況分析　小西砂千夫　800円
No.78 ポスト公共事業社会と自治体政策　五十嵐敬喜　800円
No.80 自治体人事政策の改革　森啓　800円
No.82 地域通貨と地域自治　西部忠　900円（品切れ）
No.83 北海道経済の戦略と戦術　宮脇淳　800円
No.84 地域おこしを考える視点　矢作弘　700円
No.87 北海道行政基本条例論　神原勝　1,100円
No.90 「協働」の思想と体制　森啓　800円*
No.91 協働のまちづくり　三鷹市の様々な取組みから　秋元政三　700円*
No.92 シビル・ミニマム再考　松下圭一　900円
No.93 市町村合併の財政論　高木健二　800円*

［地方自治土曜講座ブックレット］

No.1 現代自治の条件と課題　神原勝　800円

No.2 自治体の政策研究　森啓　500円

No.3 現代政治と地方分権　山口二郎　500円*

No.4 行政手続と市民参加　畠山武道　500円*

No.5 成熟型社会の地方自治像　間島正秀　500円*

No.6 自治体法務とは何か　木佐茂男　500円*

No.7 自治と参加　アメリカの事例から　佐藤克廣　500円*

No.9 文化資産としての美術館利用　地域の教育・文化的生活に資する方法研究と実践　辻みどり・田村奈保子・真歩仁しょん　900円*

No.10 フクシマで"日本国憲法〈前文〉"を読む　家族で語らう憲法のこと　金井光生　1,000円

No.8 政策開発の現場から　小林勝彦・大石和也・川村喜芳　800円*

No.9 まちづくり・国づくり　五十嵐広三・西尾六七　500円*

No.11 自治体デモクラシーと政策形成　山口二郎　500円*

No.12 自治体理論とは何か　森啓　500円*

No.13 憲法と地方自治　中村睦男・福士明・田口晃　500円*

No.14 まちづくりの現場から　斉藤外一・宮嶋望　500円*

No.15 環境問題と当事者　畠山武道・相内俊一　500円*

No.16 情報化時代とまちづくり　千葉純一・笹谷幸一　600円（品切れ）

No.17 市民自治の制度開発　神原勝　500円*

No.18 行政の文化化　森啓　600円*

No.19 政策法務と条例　阿部泰隆　600円*

No.20 政策法務と自治体　岡田行雄　600円（品切れ）

No.21 分権時代の自治体経営　北良治・佐藤克廣・大久保尚孝　600円*

No.22 地方分権推進委員会勧告とこれからの地方自治　西尾勝　500円*

No.23 産業廃棄物と法　畠山武道　600円*

No.24 自治体計画の理論と手法　神原勝　600円（品切れ）

No.25 自治体の施策原価と事業別予算　小口進一　600円（品切れ）

No.26 地方分権と地方財政　横山純一　600円（品切れ）

No.27 比較してみる地方自治　田口晃・山口二郎　600円*

No.28 議会改革とまちづくり　森啓　400円（品切れ）

No.29 自治体の課題とこれから　逢坂誠二　400円*

No.30 内発的発展による地域産業の振興　保母武彦　600円（品切れ）

No.31 地域の産業をどう育てるか　金井一頼　600円*

No.32 金融改革と地方自治体　宮脇淳　600円*

No.33 ローカルデモクラシーの統治能力　山口二郎　400円*

No.34 「変革の時」の自治を考える　神原昭子・磯田憲一・大和田健太郎　600円*

No.35 政策立案過程への戦略計画手法の導入　佐藤克廣　500円*

No.36 地方自治のシステム改革　辻山幸宣　400円（品切れ）

No.37 分権時代の政策法務　礒崎初仁　600円*

No.38 地方分権と法解釈の自治　兼子仁　400円*

No.39 「近代」「市民社会」への展望　今井弘道　500円*

No.40 自治基本条例への展望　辻道雅宣　400円*

No.40	政務調査費	宮沢昭夫	1,200円(品切れ)
No.41	市民自治の制度開発の課題	山梨学院大学行政研究センター	1,200円
No.42	《改訂版》自治体破たん・「夕張ショック」の本質	橋本行史	1,200円*
No.43	分権改革と政治改革	西尾勝	1,200円
No.44	自治体人材育成の着眼点	浦野秀一・井澤壽美子・野田邦弘・西村浩・三関浩司・杉谷戸知也・坂口正治・田中富雄	1,200円
No.45	シンポジウム地方政治とポピュリズム	橋本宏子・森田明・湯浅和恵・池原毅和・青木九馬・澤静子・佐々木久美子	1,400円
No.46	地方財政健全化法で財政破綻は阻止できるか	高寄昇三	1,200円
No.47	地方政府と政策法務	加藤良重	1,200円
No.48	政策財務と地方政府	加藤良重	1,400円
No.49	政令指定都市がめざすもの	高寄昇三	1,400円
No.50	良心的裁判員拒否と責任ある参加 市民社会の中の裁判員制度	大城聡	1,000円
No.51	討議する議会 自治体議会学の構築をめざして	江藤俊昭	1,200円
No.52	【増補版】政治の検証 大阪都構想と橋下府県集権主義への批判	高寄昇三	1,200円
No.53	虚構・大阪都構想への反論 橋下ポピュリズムと都市主権の対決	高寄昇三	1,200円
No.54	大阪市存続・大阪都粉砕の戦略 地方政治とポピュリズム	高寄昇三	1,200円
No.55	「大阪都構想」を越えて 問われる日本の民主主義と地方自治	(社)大阪自治体問題研究所	1,200円
No.56	翼賛議会型政治・地方民主主義への脅威 地域政党と地方マニフェスト	高寄昇三	1,200円
No.57	なぜ自治体職員にきびしい法遵守が求められるのか	加藤良重	1,200円
No.58	東京都区制度の歴史と課題 都区制度問題の考え方	著:栗原利美、編:米倉克良	1,400円
No.59	七ヶ浜町(宮城県)で考える「震災復興計画」と住民自治	編著:自治体学会東北YP	1,400円
No.60	市民が取り組んだ条例づくり 市長・職員・市議会とともにつくった所沢市自治基本条例	編著:所沢市自治基本条例をつくってる会	1,400円
No.61	いま、なぜ大阪市の消滅なのか 「大都市地域特別区法」の成立と今後の課題	編著:大阪自治を考える会	800円
No.62	地方公務員給与は高いのか 非正規職員の正規化をめざして	著:高寄昇三・山本正憲	1,200円
No.63	大阪市廃止・特別区設置の制度設計案を批判する いま、なぜ大阪市の消滅なのか Part2	編著:大阪自治を考える会	900円
No.64	自治体学とはどのような学か	森啓	1,200円
No.65	通年議会の〈導入〉と〈廃止〉 長崎県議会による全国初の取り組み	松島完	900円

No.1	外国人労働者と地域社会の未来	著:桑原靖夫・香川孝三、編:坂本恵	
No.2	自治体政策研究ノート	今井照	900円
No.3	住民による「まちづくり」の作法	今西一男	1,000円
No.4	格差・貧困社会における市民の権利擁護	金子勝	900円
No.5	法学の考え方・学び方 イェーリングにおける「秤」と「剣」	富田哲	900円
No.6	今なぜ権利擁護か ネットワークの重要性	高野範城・新村繁文	1,000円
No.7	小規模自治体の可能性を探る	保母武彦・菅野典雄・竹内是俊・松野光伸・佐藤力	1,000円
No.8	小規模自治体の生きる道 連合自治の構築をめざして	神原勝	900円

[地方自治ジャーナルブックレット]

No.1 水戸芸術館の実験
　森啓 1,166円（品切れ）

No.2 政策課題研究研修マニュアル
　首都圏政策研究・研修研究会 1,359円（品切れ）

No.3 使い捨ての熱帯雨林
　熱帯雨林保護法律家ネッ
　童門冬二・村瀬誠 971円（品切れ）

No.4 自治体職員世直し志士論
　童門冬二・村瀬誠 971円（品切れ）

No.5 行政と企業は文化支援で何ができるか
　日本文化行政研究会 1,166円（品切れ）

No.6 まちづくりの主人公は誰だ
　浦野秀一 1,165円（品切れ）

No.7 パブリックアート入門
　竹田直樹 1,166円（品切れ）

No.8 市民的公共性と自治
　今井照 1,166円（品切れ）

No.9 ボランティアを始める前に
　佐野章二 777円

No.10 自治体職員の能力
　自治体職員能力研究会 971円

No.11 パブリックアートは幸せか
　山岡義典 1,166円＊

No.12 市民が担う自治体公務
　パートタイム公務員論研究会 1,166円（品切れ）

No.13 行政改革を考える
　山梨学院大学行政研究センター 1,359円

No.14 上流文化圏からの挑戦
　山梨学院大学行政研究センター 1,166円（品切れ）

No.15 市民自治と直接民主制
　高寄昇三 1,166円

No.16 議会と議員立法
　上田章・五十嵐敬喜 1,600円＊

No.17 分権段階の自治体と政策法務
　山梨学院大学行政研究センター 1,456円

No.18 地方分権と補助金改革
　高寄昇三 1,200円

No.19 分権化時代の広域行政
　山梨学院大学行政研究センター 1,200円

No.20 あなたの町の学級編成と地方分権
　田嶋義介 1,200円

No.21 自治体も倒産する
　加藤良重 1,000円（品切れ）

No.22 ボランティア活動の進展と自治体の役割
　山梨学院大学行政研究センター 1,200円

No.23 新版2時間で学べる「介護保険」
　加藤良重 800円

No.24 男女平等社会の実現と自治体の役割
　山梨学院大学行政研究センター 1,200円

No.25 市民がつくる東京の環境・公害条例
　市民案をつくる会 1,000円

No.26 東京都の「外形標準課税」はなぜ正当なのか
　青木宗明・神田誠司 1,000円

No.27 少子高齢化社会における福祉のあり方
　山梨学院大学行政研究センター 1,200円

No.28 財政再建団体
　橋本行史 1,000円（品切れ）

No.29 交付税の解体と再編成
　高寄昇三 1,000円

No.30 町村議会の活性化
　山梨学院大学行政研究センター 1,200円

No.31 地方分権と法定外税
　外川伸一 800円

No.32 東京都銀行税判決と課税自主権
　高寄昇三 1,200円

No.33 都市型社会と防衛論争
　松下圭一 900円

No.34 中心市街地の活性化に向けて
　山梨学院大学行政研究センター 1,200円

No.35 自治体企業会計導入の戦略
　高寄昇三 1,100円

No.36 行政基本条例の理論と実際
　神原勝・佐藤克廣・辻道雅宣 1,100円

No.37 市民文化と自治体文化戦略
　松下圭一 800円

No.38 まちづくりの新たな潮流
　山梨学院大学行政研究センター 1,200円

No.39 ディスカッション三重の改革
　中村征之・大森弥 1,200円

「官治・集権」から
　　　　「自治・分権」へ

市民・自治体職員・研究者のための
自治・分権テキスト

《出版図書目録 2014.9》

〒120-0002　東京都文京区小石川 5-26-8
TEL　03-3811-5701
FAX　03-3811-5795
mail　info@koujinnotomo.com

公人の友社

- ご注文はお近くの書店へ
  小社の本は、書店で取り寄せることができます。
- ＊印は〈残部僅少〉です。品切れの場合はご容赦ください。
- 直接注文の場合は
  電話・FAX・メールでお申し込み下さい。
    TEL　03-3811-5701
    FAX　03-3811-5795
    mail　info@koujinnotomo.com
  （送料は実費、価格は本体価格）